"一带一路"倡议对中国出口与对外直接投资影响的研究

（2013—2017年）

王罗汉 ◎ 著

RESEARCH ON THE IMPACT OF "THE BELT AND ROAD" INITIATIVE ON CHINA'S EXPORTS AND FOREIGN DIRECT INVESTMENT(2013—2017)

经济管理出版社
ECONOMY & MANAGEMENT PUBLISHING HOUSE

图书在版编目（CIP）数据

"一带一路"倡议对中国出口与对外直接投资影响的研究：2013—2017 年/王罗汉著．—北京：经济管理出版社，2021.1
ISBN 978-7-5096-7687-5

Ⅰ.①一… Ⅱ.①王… Ⅲ.①"一带一路"—影响—出口贸易—研究—中国 ②"一带一路"—影响—对外投资—直接投资—研究—中国 Ⅳ.①F752.62②F832.6

中国版本图书馆 CIP 数据核字（2021）第 014830 号

组稿编辑：申桂萍
责任编辑：杜羽茜
责任印制：赵亚荣
责任校对：陈　颖

出版发行：经济管理出版社
（北京市海淀区北蜂窝 8 号中雅大厦 A 座 11 层　100038）
网　　址：www.E-mp.com.cn
电　　话：（010）51915602
印　　刷：唐山昊达印刷有限公司
经　　销：新华书店
开　　本：720mm×1000mm/16
印　　张：12.75
字　　数：210 千字
版　　次：2021 年 3 月第 1 版　2021 年 3 月第 1 次印刷
书　　号：ISBN 978-7-5096-7687-5
定　　价：58.00 元

·版权所有　翻印必究·
凡购本社图书，如有印装错误，由本社读者服务部负责调换。
联系地址：北京阜外月坛北小街 2 号
电话：（010）68022974　　邮编：100836

序

很高兴看到王罗汉撰写的《"一带一路"倡议对中国出口与对外直接投资影响的研究（2013—2017年）》一书即将出版。该书探讨了自2003年以来，"一带一路"倡议对我国与沿线国家或地区在出口和对外直接投资方面的影响。作者通过大量的数据和实证，揭示了"一带一路"倡议未来的发展趋势，得到了一些有意义的结论，有一些是我们过去不知或知之不深的。它们对于我国目前乃至以后，更加科学地开展与"一带一路"沿线国家的经贸和科技合作，更好地构建以国内大循环为主体、国内国际双循环相互促进的新发展格局，都有价值。

更值得关注的是，作者在本书中还聚焦于并未加入欧盟的瑞士，通过研究它的创新体系，为我国未来如何更好地开展与"一带一路"沿线国家的科技创新合作提供了新思路。

目前学界对国际合作的研究，皆是从发达国家的立场展开的。本书以中国和其他国家的合作为研究对象，站在发展中国家的立场，对国际经济合作开展研究，对于经济学的理论发展来说，也是很有意义的事情。

是为序。

中国社会科学院工业经济研究所副所长 博士生导师

2021年2月26日

前　言

2013～2017年是我国向世界提出"一带一路"倡议的头五年，是"一带一路"倡议付诸实施的起始阶段。作为历史上第一个由全球最大的发展中国家率先提出的，以各国互利共赢为目的的经济合作倡议，根本宗旨就在于实现中国与沿线国家的产业优势互补，增进交流，为世界经济增长和各国共同发展创造更多的机遇。近年来，围绕"一带一路"倡议的相关研究渐渐成为学术界关注的热点。但从现有的文献来看，探讨中国与"一带一路"沿线国家间区域便利化作用的较多，而分析便利化成因的文献少；探讨区域合作变化的文献多，而分析合作变化因素的文献较少。"一带一路"倡议对于我国国内产业发展及对外经贸合作到底发挥了什么作用？中国与"一带一路"沿线国家的合作又带来了怎样的新变化？已经成为当前需要深入回答的重要课题。本书对以往研究企业国际化的主要理论和学术观点进行了梳理，找出其与"一带一路"理念相契合之处，从而提出理论假设，进而加以实证检验，指出"一带一路"倡议对我国产业走出去所带来的良好影响和对不同发展水平的沿线国家在合作上出现新变化的成因作出了解释。

本书的文献综述主要包括以下几方面内容：第一，对历史上的跨国企业理论进行梳理，对传统跨国公司理论中优质企业可能具备的核心要素进行了剖析，并从发达国家和发展中国家两个视角来对新兴跨国公司的相关文献进行了整理。第二，对贸易理论的发展脉络和演化进行了研究，重点阐述了新新贸易理论。该理论认为"生产率"这一关键要素与企业产品出口和对外直接投资（Foreign Direct Investment，FDI）之间存在非常大的因果关联效应，具有"门槛"的指示作用。本书通过研究发现，新新贸易理论与其他解释企业国际化的相关理论之间存在一定的相容性,即事实上有多个关键要素变量与生产率同样可以发挥"门槛"指示作用。但由于生产率的相关数据无法直接获得只能估算,而估算因测算方法和指标选取的差异,常常造成最终得到的生产率数据非常复杂且不精确。为了更加精确且便利地找到类似生产率"门槛"效应的要素变量,本书构建了理论假设模型,并通过实证检验,最终得到了此前预想的检验结果。第三,对"一带一路"倡议的发展脉络、实施步骤,内在逻辑,以及相关文献进行了解读,认为对"一带一路"倡议的理论探索要与我国现实国情相结合,这具有十分重大的现实意义。

在中国对外经贸合作新变化部分,着重考察了两个问题:第一,从出口和对外直接投资两个方面,对中国对外经贸合作的总体发展特征进行了定性分析。在对外直接投资方面,"一带一路"倡议提出以后,我国对发达国家投资的加速增长。对于"一带一路"沿线不同发展水平国家的投资选择上,也开始出现较大调整。在出口方面,"一带一路"沿线重要的节点国家在倡议的起始阶段未发现有大的变化,虽然在结构上略有调整,但仍然以美、欧、日等发达经济体国家为主。第二,构建了"一带一路"沿线国家和部分"一带一路"高峰论坛参会国家的子样本数据,梳理了当前中国与上述国家的总体经贸合作情况。在理论推导与研究假设方面,本书开展了两个方面的探索。第一,重点对新新贸易理论进行了数理推导和结果提炼,从中筛选出三个包含生产率,可以起到"门槛值"作用的指标。进一步在某些行业层面做了拓展实践,使微观理论的一些规律可以近似运用于行业层面。第二,结合生产率与企业开展国际化方式间的因果效应和"一带一路"倡议作用效应间的抵消关系比较,强调了本书的可能性假设和三个基本推论。

通过"一带一路"倡议对企业开展出口与对外直接投资门槛值影响的实证检验,结果显示,"一带一路"倡议放宽了我国企业在出口和对外直接投资上所要达到的最低"门槛"要求。"一带一路"倡议确实有利于国内企业同"一带一路"沿线国家开展全面合作。

"一带一路"倡议对企业开展出口与对外直接投资影响的异质性部分,本书着重开展了两个方面的探索:第一,通过提出基本的理论假设并加以实证检验,得出自"一带一路"倡议提出以来,我国与不同发展水平的"一带一路"沿线国家在合作力度和合作模式上出现明显差异。因而,本书提出"一带一路"倡议可能存在"积极效应"和"约束效应"的观点。第二，对"一带一路"沿线重要的伙伴国家的优势产业、重点产业以及中国目前与其合作的项目进行了梳理和分析，并结合实证研究本书认为，我国与"一带一路"沿线国家在诸多产业上互补性较高，合作空间前景巨大。但在不同地区合作范围有可能趋于收窄，那是为了能够精准聚焦彼此的重点行业和重要地区，进一步提升产业合作的深度和广度。

在前景展望中，本书紧扣将科技创新纳入经济建设主战场。梳理了"一带一路"沿线国家与我国在科技创新合作方面的基本态势和发展现状，并详细分析了处于"一带一路"沿线且在科技创新方面长期位居首位的瑞士，展望了我国下一步同"一带一路"沿线国家开展企业国际化合作的领域与模式。最后，本书根据理论研究和实证结论，提出了自己的政策建议。

王罗汉
2020 年 4 月

目 录

第一章 绪论 ··· 1

    第一节 研究背景及问题的提出 ··· 2

    第二节 研究意义 ·· 5

    第三节 研究目的、研究思路与研究方法 ································· 8

    第四节 创新之处及不足 ·· 11

第二章 文献综述及理论分析 ·· 14

    第一节 跨国公司理论 ··· 14

    第二节 出口贸易理论 ··· 30

    第三节 "一带一路"倡议的发展脉络 ····································· 33

    第四节 本章小结 ·· 40

第三章 中国对外经贸合作的新变化 ··· 42

    第一节 引言 ·· 42

    第二节 中国对外经贸发展的总体特征与现状 ························· 43

    第三节 中国与"一带一路"沿线国家的经贸合作 ····················· 56

    第四节 本章小结 ·· 69

第四章 理论推导与研究假设 ·· 71

    第一节 引言 ·· 71

第二节 理论模型的推导和分析 ………………………………… 73
   第三节 研究假设 ……………………………………………… 84
   第四节 本章小结 ……………………………………………… 87

第五章 "一带一路"倡议对企业出口与投资的门槛值影响实证检验 ……… 89
   第一节 引言 …………………………………………………… 89
   第二节 模型设定与指标数据的说明 ………………………… 90
   第三节 实证检验与结果分析 ………………………………… 95
   第四节 本章小结 ……………………………………………… 111

第六章 "一带一路"倡议对企业出口与投资影响的异质性 ……… 113
   第一节 引言 …………………………………………………… 113
   第二节 "一带一路"倡议对沿线国家合作模式的影响 ……… 115
   第三节 造成异质性的原因分析 ……………………………… 139

第七章 未来"一带一路"沿线实现创新发展的分析与展望 ……… 150
   第一节 "一带一路"科技创新合作的发展态势与启示 ……… 150
   第二节 "一带一路"沿线科技创新体系案例研究——瑞士 ……… 156

第八章 结论与建议 ……………………………………………… 166
   第一节 研究结论 ……………………………………………… 167
   第二节 政策建议 ……………………………………………… 170
   第三节 前景展望 ……………………………………………… 173

参考文献 ………………………………………………………… 175

后记 ……………………………………………………………… 190

第一章　绪论

2017年10月18日至24日，中国共产党第十九次全国代表大会在北京召开，党的十九大报告明确提出要推动形成全面开放的新格局，要以"一带一路"建设为重点，坚持"引进来"和"走出去"并重，遵循共商、共建、共享原则，加快培育国际经济合作和竞争新优势。与此同时，中央就《中国共产党章程（修正案）》进行了表决，将推进"一带一路"建设、推动构建人类命运共同体等新概念、新思想写入党章。2017年12月18日至20日，在中央经济工作会议中明确提出，要围绕"一带一路"建设，创新对外投资方式，以投资带动贸易发展、产业发展。2018年8月，习近平总书记在北京主持召开推进"一带一路"建设工作5周年座谈会，提出"一带一路"建设要从谋篇布局的"大写意"转入精耕细作的"工笔画"，推动共建"一带一路"向高质量发展转变，造福沿线国家人民，推动构建人类命运共同体。

党的十九届四中全会审议通过《中共中央关于坚持和完善社会主义基本经济制度、推进国家治理体系和治理能力现代化若干重大问题的决定》（以下简称《决定》）。《决定》提出要完善科技创新体制机制，要建立以企业为主体、市场为导向、产学研深度融合的技术创新体系，支持大中小企业和各类主体融通创新，创新促进科技成果转化机制，积极发展新动能，强化标准引领，提升产业基础能力和产业链现代化水平。2019年，聚焦"一带一路"，习近平总书记再次指出要建设"一带一路"和数字丝绸之路，要用最新的技术建设"一带一路"。"一带一路"创新共同体建设是共建"一带一路"的关键内容和重要目标，也是推动政策沟通、设施联通、贸易畅通、资金融通、民心相通的关键支撑和重要先导，需要大家共同研究和共同谋划。

本章共分为四节，就研究背景及问题的提出、研究意义、研究思路与方法、创新之处及不足四个方面做主要阐述。

第一节 研究背景及问题的提出

一、研究背景

经济全球化的认识古来有之，我们的祖先早在2000多年前就曾试图探索哪里是世界上最佳的交易市场，探索罗马、巴格达、洛阳和长安的路线，以及如何开辟新的航线抵达遥远的国度从而开辟出新的贸易通道。其中，最早也是最有名的当属"丝绸之路"，中国腹地的商品通过陆上丝绸之路运抵地中海各国，通过海上丝绸之路可达东非和欧洲，从而真正打通了一条跨国界的世纪之路。这既是经济繁荣的必然要求，也是我国古代商贸发达、文明先进的重要体现。早在18世纪，亚当·斯密认为，一个国家的地理环境深远地影响着该国的对外贸易和对外交往的水平，地理环境对一国文明的作用甚至影响了世界各地文明的兴衰。例如，地中海地区，由于气候适宜且便于通航，促进了该区域国家较早进入文明社会。而在广袤的非洲内陆地区和寒冷的西伯利亚地区，由于地理闭塞及气候不适宜人类居住，并不具备通航的基本要素和条件，因而也必然不利于商业与交通的发展。

改革开放以来，中国从封闭的计划经济向开放的市场经济转轨，主动打开国门，积极融入世界。2013年，习近平总书记明确提出共建"一带一路"倡议，这是党中央在新时代统筹谋划国内国外两个大局，科学把握时代前进方向，结合我国优秀历史经验提出的重大理论成果和全方位对外开放的重大举措。由于"一带一路"倡议的提出迎合了世界发展的潮流，高度契合各个国家渴望共同发展的美好诉求，因而获得了空前响应和高度认同。截至2016年，已有100多个国家和地区表达了对"一带一路"倡议的肯定和支持，中国已经同30多个国家和地区签署了共建"一带一路"合作协议，并与20多个国家签署了产能合作。"一带一路"倡议从无到有，正以实实在在的成绩诠释着"共商、共建、共享"的发展理念，也进一步证实了中国新时代全方位对外开放思路的科学性与可行性。

二、问题的提出

毋庸置疑，自2013年"一带一路"倡议提出以来，我国与"一带一路"沿线国家不论是出口贸易还是对其进行的直接投资都有了许多新进展和新变化。然而，大量的文献主要集中在政治、文化交流、经贸与基建投资等领域。但我国各行业特别是工业，通过同沿线国家在出口和投资上加强合作，企业在"走出去"的难易程度方面发生了新变化，从理论上又应如何刻画？"一带一路"倡议给企业在沿线国家与非沿线国家间开展合作的力度和方式上又带来了什么新变化？"一带一路"倡议的提出与这种新变化背后又有着什么关联？

"一带一路"倡议虽然有中国古代丝绸之路和海上贸易的影子，但事实上，倡议提出的是一种互利共赢的合作创新理念，搭建的是可供各国共同发展的平台，而这个平台在过去并不存在。金玲（2015）认为，"一带一路"倡议的根本落脚点在于共同发展，其合作的理念是平等互利的，而不是侵略性质或是附加经济合作之外的不对等条件。中国仅仅是该倡议的发起者和推动者而非主导者，故而只有将中国走出去的愿望与"一带一路"沿线国家发展的需要相结合，在充分考虑"一带一路"沿线不同国家各自制度、文化、营商条件等诸多方面的约束条件后，通过创新合作理论，采取变通务实的推动方式，才能实现互利共赢的目标。洪邮生和孙灿（2016）认为，"一带一路"倡议的意义在于，它是一种全新的国际合作理念，特别是在改善国际分工体系、提供新的公共产品和国际规则等方面，将有助于推动现有国际经济体系和秩序的变革。

2015年3月28日，商务部、外交部联合国家发展和改革委员会正式联合发布《推动共建丝绸之路经济带和21世纪海上丝绸之路的愿景与行动》（以下简称《愿景与行动》），明确政策沟通、设施联通、贸易畅通、资金融通和民心相通是"一带一路"建设的核心内容。其中，政策沟通主要是基于两国官方宏观制度上对"一带一路"倡议的认可，认同互利共赢的新理念，进而借助"一带一路"倡议这个公共平台，实现国家间更深入的经贸活动，在不冲击现有国际规则的前提下，深化沿线各国的商贸和人员往来，实现互利共赢。因此本书认为，两国政府在制度上为企业间的跨国合作营造了良好的外部条件。

从当前国内发布的权威资料来看，现有资料或是简单宽泛针对性不强，或是只从个别指标的测算去分析,没有给出一个完整的分析指南,因而无法为国家和各部门各企业提供全面的参考。对于贸易畅通方面,现有文献仅从区域视角或是基于某个单一方面进行了研究,比如杨立卓等(2015)对我国与中亚国家间的贸易互补性进行了研究,认为中国与中亚国家间的贸易互补性强、贸易潜力大;张静中和王文君(2016)对中国与西亚自贸区进行了研究,认为关税减免将会给中国和西亚各国带来 GDP 和居民福利的增长,中国的贸易收支和条件却出现了恶化;张会清和唐海燕(2017)根据贸易强度指数模型从进出口两个方面对中国与"一带一路"沿线国家的贸易强度进行了测算,认为在优势工业品的出口贸易中,我国与沿线国家有较强的互补性,在资源性产品的进口贸易上,我国与沿线国家有互补性。

事实上,已有学者就某一贸易指数对"一带一路"进行了测算和分析。比如张其仔等(2015)就曾对"一带一路"沿线各国对华的产业竞争力与互补性指数做过详细的测算,之后还在中国与"一带一路"沿线各国的贸易发展新动能的培育(张其仔等,2016)等方面做了翔实研究。他们除了就中国与"一带一路"沿线国家的贸易结合度、竞争与互补关系等方面进行了拓展测算外,还对比了中美、中日、中欧与沿线国家的贸易强度和合作情况。在对外直接投资(Foreign Direct Investment,FDI)方面,商务部等相关部门发布的历年《中国对外直接投资统计公报》作为最为权威的数据报告和数据库,也已经从宏观上对国家与区域之间的整体投融资情况进行了深入的梳理。因此,如果仅从贸易或是对"一带一路"沿线国家的投资加以考察,本书认为,我们已经把中国和"一带一路"沿线国家间贸易与投资的基本情况摸清了。

"一带一路"倡议是新时代的产物,它对于我国同"一带一路"沿线国家间的经贸合作影响意义重大而深远。但是,对于它在沿线和非沿线国家间起到怎样的广泛影响和不同效应,我们的认识还十分有限。

我们发现,虽然当前理论界在开展出口贸易与 FDI 之间的国际化路径选择上多采用 Melitz(2003)提出的新新贸易理论(New-New Trade Theory),但从我国微观企业生产率高低的视角来探讨企业对外国际化的路径选择,如李春顶(2009)、田巍和余淼杰(2012)、周茂(2016)等的研究,都是建立在旧有的国际国内发展环境下,并没有注意到 2013 年"一带一路"倡议提出这个重大节点,或者说没有从"一带一路"倡议本身所发挥的重要作用来进行对比分析和考察。

蒋冠宏（2017）虽然对"一带一路"沿线国家的市场进入策略进行了研究，但该文采用的数据为2004~2009年。而当时既没有"一带一路"这个概念和平台，也没有与沿线国家签署基于"一带一路"倡议的合作协议，更没有考虑"一带一路"倡议的提出对沿线国家的影响。

"一带一路"倡议已经不是以往的南南合作模式或是一般意义上的提议，既是构成习近平新时代中国特色社会主义思想的重要内容，也是新时代我国开展对外经贸合作的主要平台。通过对相关文献进行梳理和分析可知，目前国内的研究还鲜有从"一带一路"倡议本身入手，对我国同沿线国家开展经贸合作方式所起的作用进行阐释的。

第二节　研究意义

一、理论意义

企业如何开展国际化的研究最早起源于西方，因而传统上诸如企业国际化路径的选择、跨国公司进入策略等的相关研究都是基于美国、欧洲和日本等发达国家和地区而言的。特别是自"二战"以后，发达国家对外贸易与对外投资等国际化经贸合作不断加深，相应的理论也随之不断涌现。因而，不论是从供给侧视角分析"走出去"的企业，还是从需求侧视角考察合作对象东道国的各种需求，都是建立在传统西方对外经贸合作和发展的理论基础上的。

比如，在国际贸易理论方面，"二战"后各国都试图谋求发展，以全球化作为大背景，新贸易理论从不完全竞争、规模经济、技术进步等诸多方面对企业开展国际化进行了解释和分析。进入21世纪后，全球化的浪潮进一步提升，以Melitz（2003）经典论文为代表的新新贸易理论成为研究国际贸易理论的前沿范式，同时引领着当前和未来一段时期的发展思路和研究方向。该理论的主要出发点在于，仅从行业中不同企业微观生产率这唯一要素作为衡量标准，通过设定行业生产率门槛值区分该行业中企业开展跨国业务的可能。在对外业务中，又划定更高的门槛值来筛选出哪些企业才可能开展跨国投资业务。换句话说，在可以开展对外业务的企业中，只有生产率最高的那一小部分企业才能从事对外投资业务，而剩余的部分企业则只能从事出口贸易业务。故而通过生产率高低的划分，将同一行业中的企业进行了异质化处理，由于同行业中不同企业开展各类业务，那么就可以进一步地研究这些企业的内部组织结构、管理水平，是什么机理导致企业从事不同业务，又是什么因素导致了同行业不同企业在生产率上出现了差异等。但由于新新贸易理论主要把企业表现出来的生产率当成最核心的"因"，将是否能开展对外业务作为"果"，这种简单的一因一果的逻辑，显然无法回答来自生产企业的环境因素，东道国的社会发展因素、要素禀赋条件以及各种政策冲击所带来的外部影响，它是一种密闭式的分析范式。

在跨国公司理论方面，虽然也重点研究企业的对外投资，但考虑到了历史发展的变化，本书将其区分为传统发达国家的跨国公司和新兴经济体国家的跨国公司，两类公司在对外投资上存在诸多差异。同时，根据对外投资的模式将其区分为对外直接投资（绿地新建）模式、并购合作模式、企业合资模式、并购模式、参股模式等。之所以同一家企业在对外投资模式上出现诸多差异，本书认为这应归因于企业与合作对象的需求和合作动机。因此，新新贸易理论还需要更深入地研究合作伙伴的异质性，侧重于从需求侧对跨国企业采取的策略进行研究。

然而，对"一带一路"倡议这类涉及跨国多边合作平台的影响，鲜有文献对其进行深入研究。毕竟"一带一路"倡议本身就是一个伟大的创新，是第一次由一个发展中国家率先提出来的跨国多边合作倡议。因此，在此重大背景下，选择这一领域开展研究具有重大的理论前瞻性。"一带一路"倡议无疑为我国同"一带一路"沿线各国的出口贸易和投资交往带来了空前的变革。随着政策沟通和设施联通的深入推进，基础设施的大力建设对"一带一路"沿线国家间地缘交通的改善和商贸的便利等必将带来重大而深远的影响，它不仅改变了东道国的要素禀赋，也改变了我国企业走出去开展国际业务的最低要求。因而"一带一路"倡议无论从供给侧的贸易理论出发，还是根据需求侧的跨国公司理论进行考察，与两者都存有十分密切的联系，因而具有重大的理论意义。

二、现实意义

第一，"一带一路"倡议为中国实体企业的发展和中国产业转型升级提供了新舞台和新机遇。随着中国综合国力的提升，中国将进一步地与"一带一路"

第一章 绪论

沿线国家进行更加深入的交流探讨与合作,从而真正实现"共商、共建",最后共同实现经济迈向高收入行列的"共享"。本书从 2013 年"一带一路"倡议提出的前后时间节点进行划分,根据中国对沿线国家的出口贸易与对外直接投资两个维度,纵向对比考察了"一带一路"倡议提出前后,国内企业在开展对外合作的最低要求上发生了怎样的新变化,在理论上对其进行了探索性的刻画;横向对比考察了纳入"一带一路"倡议的沿线国家和暂时还未纳入的非沿线国家,我国企业在开展国际化合作的方式上出现了怎样的新趋势。

第二,由于"一带一路"沿线国家文化差异大,社会发展极不平衡,在"一带一路"倡议提出之后,我国同沿线国家和非沿线国家在开展经贸合作的力度上出现了什么新变化?这种变化是否有可能是"一带一路"倡议所带来的?由于影响的因素较多,同传统上新新贸易理论一因一果式的密闭式分析范式不同,需要考虑多方面的因素。如果这种变化确实是由于"一带一路"倡议自身带来的,那么我们还要研究其影响的原因可能还有哪些方面,这种新变化又对我国下一步深入推进"一带一路"倡议具有怎样的现实意义和指导意义。

第三,探讨"一带一路"倡议与合作方式的相互关系,对于我们今后如何更好地发挥"一带一路"倡议这个国际化的公共平台,如何开展与其他还未纳入"一带一路"倡议中来的非沿线国家的合作,具有十分重要的借鉴意义和指导价值。因为"一带一路"倡议是个动态的、不断发展的多边合作平台,对于暂时还未加入该平台的国家和地区,是否需要继续吸纳?"一带一路"倡议这个国际化的公共平台有没有最大化的边界?如果有,还能不能进一步拓展,以及如何拓展等问题也有待我们进一步去探讨和发掘。

第四,国外有观点认为,中国借"一带一路"来化解过剩产能。本书认为,"一带一路"既然主张与沿线国家通过"共商、共建、共享"的原则开展合作,以实现合作双赢,那么就不会以"甩包袱"的不负责任方式来开展合作,这种合作不可能双赢。因为,全球化早已深入人心,任何一个国家都不太可能仅对某个国家或某几个国家开放,因而东道国往往会根据自身建设发展的需要,合理开展对外合作、招商引资等双边甚至多边合作,故而企图将落后的淘汰产能转嫁他国并不现实。

因此,本书在探讨"一带一路"倡议对我国与沿线国家在开展经贸合作方式上的关联时,也在一定程度上回答了上面的疑问。

第三节 研究目的、研究思路与研究方法

一、研究目的

本书试图回答这样一个问题:"一带一路"倡议提出后,在纵向上,我国生产企业要"走出去","一带一路"倡议是否在企业"走出去"的难易程度上发挥了作用?如果是,在理论上又应如何对其进行刻画和表述?在横向上,"一带一路"倡议所产生的这种作用有可能对我国与沿线不同发展水平的国家在选择合作模式和合作力度上带来怎样的异质性(或者说差异性),那么造成这种差异性结果的原因可能是什么?

二、研究思路

本书的总体研究思路是:第一,进行相关理论文献的梳理。把与本书相关的一般性理论进行分析和研究。结合当前"一带一路"倡议的现实背景,通过对相关文件的解读和分析找出共同之处和可能的融合点。第二,进行特征化事实分析。就"一带一路"倡议提出前后,我国与"一带一路"沿线国家之间出口贸易与对外直接投资的新特征和新变化进行分析。第三,通过对既有模型理论进行推导和分析,结合中国在"一带一路"倡议下的合作背景,提出符合逻辑的基本假设。第四,对提出的假设进行实证检验。第五,对未来产业合作可能的发展趋势进行分析和探讨。

具体来说,全书的框架体系为:

第一章为绪论,主要从研究背景、问题提出与研究意义、研究思路与研究方法、可能的创新与不足等几个方面进行阐述。

第二章为文献综述及理论分析。首先,对与"一带一路"倡议最为贴近的既有理论进行梳理,分析其基本逻辑和内在机理。其次,对"一带一路"倡议的发展脉络进行全面的梳理。最后,从传统理论中寻找与现实的"一带一路"倡议所匹配的合理元素,以便于为下一步的研究指明方向。

第三章梳理并分析中国对外经贸合作的新变化。主要就中国对外经贸合作的特征和现状，以及与"一带一路"沿线国家之间的出口贸易和对外直接投资两个维度，从时间的发展上进行梳理和分析，找出"一带一路"倡议提出前后出现了哪些新变化和新特征。

第四章是理论推导与研究假设的提出。基于数据定性的梳理和分析，对出现的新变化和新特征进行理论层面的刻画和反映。本书从新新贸易理论入手，对其进行了深入推导和分析，从中提炼出在理论上可替代生产率作为企业开展国际化门槛值尺度作用的指标变量；同时，结合"一带一路"倡议提出的背景和效应，提出门槛值在"一带一路"倡议提出后，可能发生怎样变化的基本假设和推论，在理论上对"一带一路"倡议如何影响我国同沿线国家间的出口贸易和对外直接投资进行刻画和表述。

第五章是对第四章提出的基本假设及推论进行实证检验。重点分析在"一带一路"倡议提出后，以生产率作为门槛值来考察企业有能力开展国际合作，是否可行以及在合作的方式（出口贸易和对外直接投资）上发生了怎样的变化。并指明了这种变化可能对企业在不同地区开展国际合作产生怎样的新影响。

第六章是基于第五章研究后提出的新疑问，进一步对"一带一路"沿线不同发展水平的国家，在开展出口贸易和对外直接投资上可能出现的不同选择进行探究。同时，就主要沿线伙伴国家与我国目前的合作协议、已签文件及合作项目的成果、各东道国的优势产业和今后一段时期发展的侧重点进行梳理，找出出现异质性的可能原因，从而更加全面地分析"一带一路"倡议的提出对我国同沿线国家在今后的发展中会产生怎样的更深层次的影响。

第七章通过对国家关于今后与"一带一路"沿线国家合作的发展变化，从案例分析的视角对未来的合作方向和思路进行分析和展望。

第八章是对全书的总结，并就本书研究中还存在的不足和对未来可进一步开展的研究方向进行展望。

本书的研究思路及逻辑框架如图1-1所示。

三、研究方法

（一）文献演绎法

根据研究的主题，搜集、鉴别和整理相关文献，并通过对文献的比较分析，

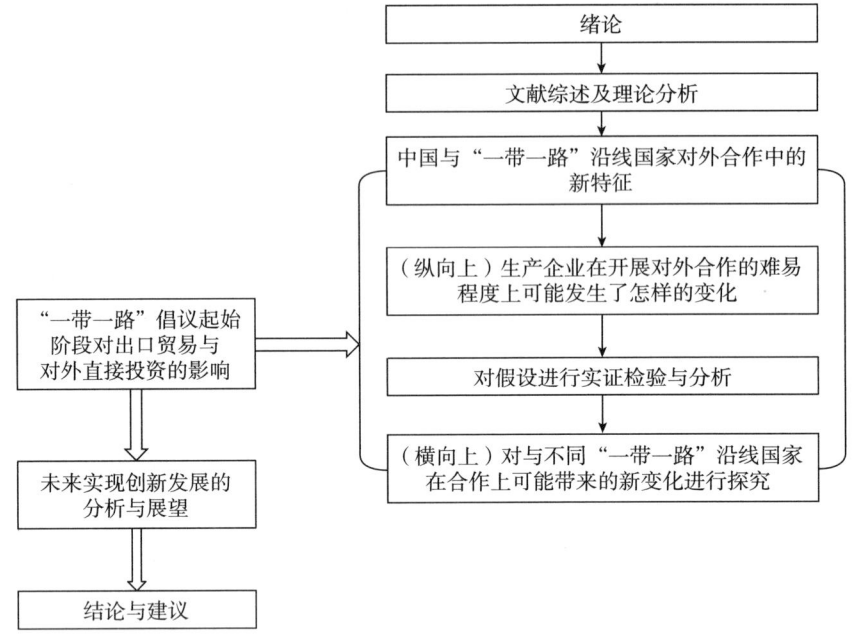

图 1-1 本书的研究思路及逻辑框架

归纳出该研究领域的发展脉络、理论基础、分析框架、研究假设和重要结论，为本书的研究奠定理论基础、研究视角和方法依据。对文献的梳理看似烦琐，但可以实现两个方面的目的：一是通过对相关文献进行全面的整理和掌握，了解当前国内外相关领域的研究成果和经典文献所采用的思路方法技术。二是通过阅读大量的经典文献，整理并厘清本书的逻辑框架和研究思路。同时，为本书后续的写作打下坚实的理论基础。

（二）定量分析方法

研究分行业对外开展跨国业务通常采用统计分析法和计量分析法。本书采用的统计分析法主要是指，通过对研究对象的范围、程度和规模等具体数量关系方面的分析研究，认识和揭示事物间的相互关系、变化规律和发展趋势，借以达到对事物的正确解释和预测的一种研究方法。该方法是使用相对广泛的现代科学方法，也是一种比较科学而客观的测评手段。本书第三章对此有大量的使用和分析，重点对当前我国与"一带一路"沿线国家间的经贸合作现状有一个基本把握，对可能出现的新变化、新特征有一个感性的认识。根据理论模型进行推导和分析之后提出的基本假设,还需要在实证中进行检测。比如,"一带一路"沿线国家的各种制度变量、市场经济发展变量等限制因素,以及"一带一路"倡议的提出对我国企业在新时代走出去、各行业在方式选择上出现什么变化等都应有一个基本判断。本书计量分析则采用大样本的实证分析,重点对提出的基本假设进行因果实证检验。纵向上对我国与沿线国家就"一带一路"倡议进行的经贸合作方式的变化,以及横向上在"一带一路"倡议提出后,我国在对沿线国家开展出口贸易和对外直接投资上,与暂未纳入"一带一路"倡议的非沿线国家相比,又出现了怎样的变化。这都需要进行较为明确的验证。

(三) 经济建模方法

由于现实世界是由各种主要变量和次要变量构成的,非常错综复杂,因而除非把次要的因素排除在外,否则就不可能进行科学合理的分析,或由于过于复杂而无法进行分析。经济建模方法借鉴物理学中建模的分析思路,通过事先作出某些假设,排除许多次要因子,从而建立理论模型,之后通过该模型来对假设所规定的特殊情况进行翔实分析与考察。本书通过理论模型的设计和推导,结合现实的发展需要提出理论假设和推论,为后文的实证研究做好准备。

第四节　创新之处及不足

一、可能的创新

(一) 研究对象与范围的创新

尽管丝绸之路已有2000多年的历史,但从经济学的分析范式出发研究一个由后发新兴经济体大国提出的跨国经贸合作战略——"一带一路"倡议,在世界上并没有先例。国外基本上都是从发达国家对外跨国合作的视角来进行研究,在具体的合作方式上,比如并购、合资、参股、新建工业园区等,其基本出发点也多是站在发达国家瓜分世界市场和获取高额垄断利润的层面来进行分析和研究的。

第二次产业革命以来,以英、美、欧跨国公司为代表的面向全球的扩张,一直以来就是一个广受关注的焦点问题。

"一带一路"倡议是目前为止唯一的一个由中等收入的发展中国家提出、建立在平等合作基础上的国际合作平台。自从习近平总书记于2013年提出共建"一带一路"合作倡议以来，截至2017年5月，我国已经同74个国家和国际组织签署了合作文件①。本书立足于我国在"一带一路"倡议起始阶段对外经贸合作的现实国情，从我国经济发展换挡提质、产业发展优化升级的关键期和两个一百年历史交汇期为突破口，以构建人类命运共同体为落脚点，考察中国与"一带一路"沿线各国的经贸合作方式发生了怎样的新变化。因而，本书不论是在研究对象还是研究范围方面，都是之前的研究所鲜有的。

（二）理论框架和分析视角上的创新

目前虽然有关于中国企业对外直接投资，以及关于对外出口贸易局部或是单一路径的研究，比如田巍和余淼杰（2012）、周茂等（2015）、杨立卓（2016）。但在分析视角上，没有就"一带一路"倡议这一重大平台在双边合作中所起到的作用进行考察和阐述，大多研究基本上还停留在"一带一路"倡议对我国与沿线国家的发展现状以及未来发展的政策建议等的初步探讨；在理论分析框架上，也没有将中国的出口贸易和对外直接投资纳入以"一带一路"为主要考察对象的现实国情中来。虽然李春顶（2009）、李军（2011）等借鉴了新新贸易理论的研究范式，并将其纳入中国"走出去"的现实中来，但这种探索建立于"一带一路"倡议提出之前。而"一带一路"倡议所搭建的新式多边跨国平台，不论对我国的对外合作还是对沿线国家的影响都是空前的。况且，在国内，"一带一路"建设等被写入了中国共产党党章，在国际上，这个由发展中国家提出跨国经贸合作倡议，还被联合国及安理会决议所采纳。因此，"一带一路"倡议在我国各行业的发展以及国际化进程中所起的作用可以说是空前重要且不能回避的。

"一带一路"倡议既是当前中国对外开放的重大指导方针和今后相当长时期内我国开展对外经贸合作的重点，也是当前被国际社会广泛认可并达成共识的多边合作平台。"一带一路"倡议彰显了中国开放新理念和中国方案在全球治理中

---

① 《外交部和联合国经社事务部签署关于"一带一路"倡议的谅解备忘录》，中国一带一路网，https://www.yidaiyilu.gov.cn/xwzx/bwdt/28901.htm，2017年9月23日。

第一章 绪论

的新贡献，阐述了有别于以往旧有的发达国家以垄断竞争为基本假设的逻辑框架，取而代之的是以共建人类命运共同体为根本出发点的新思维、新视野。在理论上，本书借鉴了传统发达国家的新新贸易理论，以及跨国公司理论中的合理成分，对"一带一路"倡议可能产生的重大影响进行揭示和研究。

二、不足之处

由于"一带一路"倡议本身就是一个创新的事物，也是旧有的理论所无法嵌套的崭新的伟大实践，必然存在大量笔者未知或是无法预测到的客观存在，如下一步"一带一路"倡议会对我国各行业参与国际化进程产生怎样更深远的影响，以及未来如何同沿线国家开展更加深入的合作，都是我们无法预知，也难以直接进行量化的。况且，"一带一路"倡议所带来的附加效应还有很多，未来还将出台哪些重大的举措进一步影响多边国际化合作，还需要进一步地跟踪研究。

"一带一路"倡议是开放的公共平台，随着越来越多的国家加入进来，未来的合作空间还会增大，需要研究的变量和不确定因素还会增加，故而对此的研究也应与时俱进，而不是静态的，或是某个研究范式就能囊括的。鉴于对"一带一路"倡议起始阶段的研究还是一个全新的课题，因而无论在研究方法、认识高度、数据搜集，还是在宏观发展规律的把握等诸多方面都有不少欠缺和不足。

第二章 文献综述及理论分析

本章主要从以下三个方面进行梳理：首先，从与企业开展国际化有直接关系的跨国公司理论和新新贸易理论进行梳理，并就其中存在的逻辑关系进行阐述。其次，对既有理论中存在的契合之处展开研究，探究了其中可融合的要素和可融合的原因，以及用单一生产率指标衡量优质企业开展国际化的不足。最后，总结和归纳"一带一路"倡议的发展脉络、实施举措、部署逻辑和相关文献等，初步探讨如何将传统的一般化理论中的科学成分合理运用到"一带一路"倡议中。

第一节 跨国公司理论

一、传统跨国企业的发展路径

"二战"后，随着世界范围内资源的重新整合和进一步的优化配置，发达国家对外投资出现热潮，相应的理论也不断涌现。但传统的跨国公司理论大多是以本国在某段时期的发展现状为研究对象去研究和阐释的，并不具有普遍性，因此也难为非发达国家的企业开展国际化带来借鉴。特别是20世纪60年代以后，诸如"亚洲四小龙"、拉美国家以及中东国家纷纷建立起自己的跨国公司，上述各种理论都难以解释来自广大发展中国家的跨国公司行为。即便日本经济学家小岛清的"边际产业理论"也仅是对日本20世纪六七十年代日资企业开拓海外市场的实践经验的总结，甚至无法解释20世纪80年代之后日本对外扩张的行为和动机。传统跨国公司理论的发展如表2-1所示。

表2-1 传统跨国公司理论的发展

年份	作者	主要观点和结论	出处来源
1960	斯蒂芬·赫伯特·海默（Stephen Herbert Hymer）	国际直接投资是市场不完全所带来的历史产物，只有摒弃传统理论的完全竞争假设，才可能建立起对外直接投资的理论框架和体系。而其理论的假设前提在于，市场必然是不完全竞争的。把垄断原理借用到对跨国公司行为的分析上，进而提出了垄断优势理论	其博士论文《国内企业的国际经营：对外直接投资研究》
1966	雷蒙德·弗农（Raymond Vernon）	垄断优势理论并不能够完全说明企业在出口、许可证和国外设立分支结构等外派部门之间的选择，因为该理论是基于静态的分析视角的。事实上，应该将企业的垄断优势、产品生命周期和区位因素相结合，也就是加入时间变化的考量，根据动态的视角来考察企业的海外投资行为。提出了著名的产品生命周期理论	《产品周期中的国际投资和国际贸易》
1976	巴克利（P. J. Buckley）和卡森（M. Casson）	提出了内部化理论，认为之前理论没有考虑企业除生产以外的许多活动，如研究与开发、市场购销、培训等问题，而这些因素相互依存且与中间产品有关。进一步地，面对中间产品市场不完全的企业，势必要力求这些中间产品在本企业自有的体系内开展转移	《跨国公司的未来》
1978	小岛清（Kiyoshi Kojima）	从日本"贸易导向"的产业政策角度对日本的对外直接投资进行了分析，并提出了边际扩张理论，认为日本对外投资的重点应放在那些即将或者已经丧失了比较优势的行业，其目的在于获得东道国原材料和中间产品，提出"边际扩张论"	《对外直接投资》

资料来源：笔者自行整理。

1977年，约翰·邓宁（J. H. Dunning）提出了国际生产折衷理论（The Electric Theory of International Production），认为所有权优势（Ownership）、区位优势（Location）和内部化优势（Internalization）这三个优势的组合不仅可以解释一国

企业的对外直接投资行为,还能用于分析对外贸易和技术转让等经济活动的选择方式,这就是所谓的 OLI 模式(见表 2-2)。

表 2-2　跨国公司的三种战略选择

	所有权优势	内部化优势	区位优势	满足优势条件
对外直接投资	√	√	√	3
出口	√	√	—	2
技术转让	√	—	—	1

资料来源:Dunning J. H. International production and the multinational enterprise, London:George Allen & Unwin, 1981:111.

OLI 模式的逻辑是:只有当三个优势都满足时,企业才可以进行对外直接投资;如果只满足所有权优势和内部化优势时,应选择出口;如果只满足所有权优势,则企业选择技术转让较为有利。因此,OLI 模式高度强调了企业所有权优势在跨国企业战略选择中的重要性和决定性。换句话说,企业是否具有所有权优势成为企业能否开展对外业务的核心要素。

在传统意义上,美欧等发达国家跨国公司(Multinational Corporation Enterprises,MNEs)在研究对外扩张和发展时,着眼于探索企业在本国具体能力的发展,以及逐步国际化后企业在国与国之间采取何种方式进行合作、以什么指标为核心,衡量的标准也都在探索中。但在最近的 20 年里,新 MNEs 多来自于较高收入国家和地区经济体,诸如西班牙、韩国、中国台湾、新加坡、中国香港;新兴经济体,诸如巴西、墨西哥、印度、智利、中国、俄罗斯;发展中国家,诸如土耳其、埃及、印度尼西亚、泰国等;丰富的石油输出国,诸如阿拉伯联合酋长国、尼日利亚、委内瑞拉等。这些国家的 MNEs 已经走上了完全不同于传统 MNEs 国际化扩张的模式。新 MNEs 的国际化运营使用各种进入模式,如从联盟合资企业到独立占有股权等。一些 MNEs 体量较小、生产较为集中和单一,而有的则比较巨大和多样化,或是横跨了多个行业和多个门类。相关文献也对其有所涉及,比如"第三世界的跨国公司"(Wells,1983)、"后发企业"(Mathews,2002)、"非传统跨国公司"(Li,2003)、"挑战"(Marcos Aguiar and Boston Consulting Group,2008),以及"新兴经济体跨国公司"(Accenture,

2008；Goldstein，2007）等。这些新 MNEs 甚至在对外直接投资和跨国并购方面成为重要的一环（UNCTAD，2006）。

基于这些后发跨国公司企业，我们需要进一步回答三个主要的问题：第一，这些新 MNEs 所拥有的特征，是否有别于传统英美欧等发达国家或经济体的 MNEs？第二，是什么优势使得这些 MNEs 能开展国际运营和参与全球竞争？它们不仅针对的是那些与其自身经济发展水平相当甚至更低的国家，而且也与更富裕的或是老牌的发达国家在国际市场上展开了竞争。第三，为什么它们的扩张速度如此之快？这是否是一种用传统观念和理论无法回答的全新的国际扩张的新方法新思路呢？

理论的形成在不同的发展阶段有不同的假设条件，在模型的设定上又各有侧重。而模型的设定只有经过一定的实证检验之后，才能在一定的时期内得到确认或认可。正因为如此，约翰·邓宁的假说建立在 20 世纪 60 年代，且其所研究的对象还是发达国家的 MNEs。从实践上看，依然无法解释现有新 MNEs 的海外成长路径和发展模式。但随着对主要假定和新理论模型的不断深入研究，自然也带来了全新的定性化、定量化、案例化的实证研究方法，各种新手段、新方法从不同维度进一步验证了新理论和新假说的真实性和科学性。当前，在研究新 MNEs 的理论方面，我们可以将其分成两大主要阵营：一是发达国家以"俯视"的视角对新 MNEs 进行的研究；二是广大发展中国家以"平视"的视角对新 MNEs 进行的研究。

二、发达国家研究新 MNEs 的视角

过去，发达国家研究 MNEs，较多关注的往往是发达国家 MNEs 高新技术的升级，以及如何提升企业竞争力，进一步开拓国际市场等（Li 等，2012）。早期的经验研究主要考察发达国家 MNEs 的对外直接投资行为和它们在本国的生产率增长等。特别研究了 20 世纪 90 年代以来，日本大企业投资收购美国企业的行为。Kogut 和 Chang（1991）发现，日本企业对美国企业的 FDI 主要集中于技术密集型特别是其中的研发部分。同时，日本企业善于通过并购、合资等方式与美国公司加强联合，提升企业的学习技术能力，从而更快地提升企业的生产率。因此，发达国家在研究新 MNEs 时，往往从日本收购美国等技术先进的企业为假定，推而广之到以后出现的其他后发国家 MNEs 对外投资的动机或者行为上。但

进一步地研究后发现，不论是来自发达国家的还是来自后发国家的MNEs，在开展对外直接投资时，其动机和行为与先前的日本并不一致。Braconier等（2001）发现，瑞典的MNEs不论是采用公司层面的数据，还是产业层面数据，都未发现对外直接投资和企业国内生产率之间存在相关性。Bitzer和Gorg（2009）通过使用17个经合组织国家（OECD）的产业层面数据，测算了对外直接投资（FDI）逆向溢出效应，发现从均值上看，FDI与企业国内生产率呈现负向关联。他们还进一步发现，不同国家FDI与企业生产率存在明显差异。可见，发达国家间的FDI与生产率之间的相关性研究尚且无法达成统一，那么基于新MNEs在FDI和企业生产率的关联上，发达国家的研究则更为鲜有。

（一）对外直接投资的研究

Markusen（1984）发展了一个基于多样化企业运作的跨国公司一般均衡模型，认为模型中的经济体真实反映了独立出现在海外并购中跨国企业的分支机构。它们强化了技术进步，而正是由于技术进步促使了它们进一步地进行海外扩张。同时，认为决定FDI的关键在于公司决定如何服务于外国市场，这事实上反映的是有关"接近—核心的权衡交易"的理论问题。从贸易成本上看，当这些市场很大的时候，公司更可能从生产便利的因素出发，从而投资外国市场。这里的市场很大程度上还包括了市场规模、贸易成本和规模经济等，是一个决定FDI流动和在外国建设附属机构的重要因素。

Globerman和Shapiro（2002）的研究表明，一般情况下，一国的FDI多投向那些制度较好、政局稳定的国家或地区。在过去，能进行对外投资的多是发达国家的跨国公司。因而，就产生了一个公开的话题，即这一结论是否适用于或者可以推广到诸如中国等发展中国家的跨国企业上。然而，Filatotchev等（2007）认为，绝大多数涉及中国等新兴发展中国家的对外直接投资研究表明，更多的是将其作为投资的目的国而非来源国。

Buckley等（2007）对正式批准的投向49个国家的中国FDI进行了研究，使用1984~2001年的面板数据对其进行了分析和研究。他们发现，中国的海外投资往往投向那些制度较差的东道国（诸如政治风险较高），而自然资源（该文主要测算矿石和金属出口占全部商品出口的比重）在所有的样本中则显得并不重要。该研究将样本时间分成了两个阶段：第一阶段是1984~1992年，制度因素在这段时期比较重要，而自然资源的获取也是同时期中国的FDI的重要参考指标；第二阶段是1992~2001年，中国的FDI对一国是否有巨大的GDP，具有高通胀、高出口和进口份额，以及是否与中国文化相接近更感兴趣，而对于诸如专利、汇率，与中国的距离远近，甚至总的FDI占一国GDP的份额等指标没有太多关注度。

Ivar Kolstad和Arne Wiig（2012）在研究中国FDI的问题时认为：第一，中国在海外进行投资的企业绝大多数为国有企业，因而其投资决定往往更多的是出于政治目的，而非传统私营企业那样单纯地追求市场利益最大化。第二，中国与世界上其他发达国家在FDI上存在不同的制度环境（主要指法治环境）。大量研究表明，中国国内的制度环境才是影响企业竞争力的关键（Belloc，2006；Levchenko，2007；Costinot，2009）。第三，中国的FDI主要受东道国是否有巨大的消费能力、是否有丰富的自然资源，以及国内制度决定。相对来说，前者更多地涉及发达国家市场，而后者多为非经合组织国家。但作者并没有得出在涉及中国的FDI上，无条件受制度影响的负面结论。相反，他们的结论是：投资目的国制度的好坏与该国的自然资源对中国的FDI存在相互影响，即如果该国制度环境越差，如非洲的安哥拉，相比而言，中国反而可能越看重该国的自然资源，如石油。

Pablo等（2011）发展了一个非同质化的特征模型，该模型偏好于质量和垄断竞争，这种偏好主要聚焦于纯需求驱动以及服务外国市场到底由出口还是FDI决定，而该决定依赖于一个相对集中的权衡交易（trade-off）。该交易刻画了FDI和贸易的结合模式，即国家间在收入分配和规模上并不同步，FDI更可能在单位资本收入水平相近的国家间发生。因此，这类新MNEs在对外投资上往往倾向于与母国发展水平相近的国家进行合作，且合作也往往更容易成功。

根据《财富》杂志的排名，中国进入世界500强的企业，2007年为30家，2008年为35家，2009年为43家。2009年，中国石油化工集团公司、中国石油天然气集团公司、国家电网公司进入全球前20强。而在中国从事对外直接投资的国有企业中，又以大中型国有企业为主。相较于其他国家，中国的情况的确更具特殊性。总体而言，国外在研究广大发展中国家的对外直接投资上，尽管所用的数据和方法很不一样，但在基本假设条件和结论上基本相似，主要有如下几个方面的判断：

第一，发展中国家的跨国公司在国内的法制环境和融资渠道等诸多方面存在先天行业经营不规范、带有不同程度的官方政府背景或是金融融资渠道不透明等多种不符合西方传统行业规范的事实存在。

第二，由于发展中国家的市场制度建设很不规范，往往存在较大的"寻租"空间，因而本土企业在对发达国家未曾涉足的诸如非洲、拉美等政权不稳定等地区投资时，与这些地区有相似背景的发展中国家开展合作，就具有了先天的政治斡旋技巧和与东道国政界开展沟通的平衡能力。

第三，脱胎于新兴经济体的MNEs，在FDI上或是逆向对发达国家采取兼并和并购，其目的在于获取品牌、资产、市场，甚至核心技术等；或是顺向对发展中国家进行FDI，则更多地面向各种廉价优质的自然资源，开拓海外的动机十分明显。

总体来看，发达国家对后发国家MNEs的研究带有明显的局限性，在数据的搜集与指标的选取上也有待进一步提升。将中国企业特别是国有企业开展海外投资的动机锁定为政治驱动，因而片面地认为国有企业是无效或低效的，是不符合传统市场经济规则的企业。事实上，我国的国有企业对外开拓业务需要顾及政治因素，很多时候也确实难以仅从获取利益最大化去衡量，但简单地认为中国企业就是政治"挂帅"明显有违我国企业开展对外投资的初衷。在采用面板数据的指标上，多采用并不真实的合同FDI而非真实的FDI波动（Ivar Kolstad 和 Arne Wiig，2012）。在本国与东道国的政治友好程度上，采用领导人在不同场合的社交次数、签署的友好合作文件等作为数据（Tjandradewi 和 Marcotullio，2009）。在测度东道国制度的好坏上，采用政治替代的风险，或是联合国、世界银行等对国家进行的一些测算数据的排名（Globerman 和 Shapiro，2002；Kesternich 和 schnitzer，2010）。如果新MNEs本国与东道国同属发展中国家，市场具有相似性，则其基本假设就认为这些新MNEs在与政权更替风险较高的国家进行社交时就具有天然的优势（Cuervo-Cazurra 和 Genc，2008）。在经贸指标上，多采用诸如东道国人均GDP、人均收入、自然资源出口额占总出口额比重等指标，其模型借鉴了物理学中万有引力的思想，将两国的GDP近似地看成两个质量（Tinbergen，1962），从而两国间也存在着一定程度的引力，故而在双边或多边国际贸易中采用引力模型开展研究（Hejiazi，2005）。在本国与东道国经贸发展上，考虑到距离的远近对投资成本的影响。CEPII数据库中提供了四种不同的方法测量两国的距离，将距离也作为对外投资的一项固定成本。在文化距离上，相似度的高低则主要采用是否属于相同语系,或是使用母国语言人口占东道国总人口的比重等指标来代替。比如,如果使用母国语言人口占东道国人口比重高,则说明两国文化距离较近,反之则距离较远。在回归模型中,这类文化距离对母国对外 FDI 的规模和多元化的影响往往存在内生性(Desbordes 和 Vicard,2009)。但也有人采用 MNEs 本国侨民占东道国人口比例的高低,来替代东道国与本国文化的距离(Naray,2008)。因而,在文化距离的量度上还存在概念和测量方法等的差异(Morosini 等,1998)。

(二) 开拓海外动机的研究

发达国家主要从合资企业的所有权(或说控制权)和获取直接现实利益为目标两个方面开展新 MNEs 动机的研究。跨国合资企业在经营过程中,它们与当地同行企业之间难免产生矛盾和摩擦,长此以往,常常会陷入争夺合资企业控制权的尴尬境地(Inkpen 和 Beamish,1997)。从已有文献梳理,主要关注了两个领域:第一,跨国公司对合资模式以及与当地同行企业共享控制权模式的抉择(Brouthers,2002;Yiu 和 Makino,2002;Cho 和 Padmanabhan,2005);第二,对合资企业最高控制权的争夺(Yan 和 Gray,2001;Yan 和 Child,2004)。主要观点也有两个方面:一是双方企业对合资企业最高控制权的争夺,其本质在于双方都要实现自身的利益最大化(李维安和李宝权,2003),故而这是双方资源博弈的结果(Inkpen 和 Beamish,1997;Yan 和 Gray,1994;Young 和 Olk,1994);二是控制权偏向于跨国公司的关键在于资源与控制权之间的互动博弈(Mjoen 和 Tallman,1997;Chen 等,2009)。Fields(1995)指出,韩国和中国台湾的公司倾向于在国际化前向关联和后向关联上采取自己设立贸易公司的方式,在许多案例中还有政府的支持和金融赞助。例如,在 20 世纪 60 年代,韩国一小部分出口国外市场的产品,是通过分包和建立韩国公司销售渠道来完成的,而到了 80 年代,几乎 50% 以上的流程已经完全国际化了。换句话说,由出口商自己解决了(Cho,1987)。

在新 MNEs 获取直接现实利益方面,Mathews(2006)认为,新 MNEs 的国际化步伐之所以最令人吃惊,主要原因就在于它们寄希望于尽快缩小与传统发达国家 MNEs 在市场占有度和全球化上的差距。因此,对于新 MNEs 而言,进入比自身更发达的市场,主要目的是为了快速提升企业竞争力,最直接的效益在于获得学习过程和实践机会;而对于进入相对落后的发展中国家,则可以帮助新

MNEs 更好地获取规模经济和运营经验,从而得到更大的经济利益。之所以新 MNEs 可以通过实施组织创新适应全球化的需要,Mauro F. Guillén 和 García – Canal(2009)认为,是因为它们并没有经历过传统 MNEs 较长的发展史,没有厚重的企业文化和企业组织架构,反而使得变革的成本很低,所以这些新 MNEs 什么都可以试、什么都可以改(见表 2 – 3)。

表 2 – 3　新 MNEs 对外投资的动机(基于发达国家的研究视角)

动机	表述	文献梳理
后向关联原始材料	面对不确定性和资产专用性,公司寻求安全平稳的供给关键来源	Fields, 1995;Lall, 1983; UNCTAD, 2006;Wells, 1983
前向关联国外市场	公司基于现有的资产专用性,寻求打入市场的安全渠道	Fields, 1995;UNCTAD, 2006; Wells, 1983
出于本国政府的限制	公司尝试着克服受国内政府强加的增长限制	Lall, 1983;UNCTAD, 2006; Wells, 1983
分散风险	公司把资产放在不同国家以便于分散风险	Lecraw, 1977
境外个人资本流动	公司投资国外以至于业主可以多样化地接触各个国家	Wells, 1983
伴随着本国消费者去国外市场	公司随着本国消费者水平扩张至其他国家	UNCTAD, 2006;Wells, 1983
在新市场的投资为了回应本国市场经济改革的目的	公司在国内长期享有垄断和寡头地位,因而可能受到要求其自由化、放松行业管制或者私有化政策的威胁	Goldstein, 2007;Guillén, 2005
出于公司无形资产的收购	这多发生在对发达国家的公司采取并购	Lall, 1983;UNCTAD, 2006

对于海外扩张,新 MNEs 通常采用并购的方式获取无形资产,特别是获得发达国家企业的技术和品牌。这在 20 世纪 70 ~ 80 年代并不是很重要,但在随后开始变得越发重要(UNCTAD, 2006)。例如,企业并购(Merges 和 Aquistions, M&A)在管理上的技能追赶,出于竞争在西班牙管制行业中进行各种大型公司的重组等,它们在拉丁美洲的国际化扩张广受批评。发达国家普遍认为,西班牙 MNEs 的做法仅仅是为了同发达国家开展竞争(Guillén, 2005)。因此,为了规

避这类批评，新 MNEs 的国际扩张往往伴随着企业自身能力的同步提升。比如一些国有企业，其重组结构的步伐快于扩张计划和私有化进程（Cuervo 和 Villalonga，2000；Bonaglia，2007；García-Canal，2002；Rui 和 Yip，2008）。

事实上，全球化联盟与并购的做法，可以避免外国企业在东道国规避责任，同时还可以打开以提升其自身能力为目标的新通道。特别是通过企业兼并、并购以及战略联盟提升跨国管理能力，能更快地开拓海外市场。因为只有基于这些组织的联合，新 MNEs 才能真正获取外来的新知识和资源（Kale 等，2000；Zollo 和 Singh，2004）。这一结论与 Buckley 等（2007）介绍的中国 MNEs 相似。因为企业能力提升的过程，与国际化扩张的过程往往一致。因此一旦机会来临，新 MNEs 常常开展并购而不是绿地投资（García-Canal 和 Guillén，2008）。而对于国际化扩张的机会，这些新 MNEs 常采用私有化和放松管制的方式来实现。因此，一些中小型公司之所以缺失扩张海外的竞争优势，一个基本的原因在于不能实现现金流动的自由支配（Sarkar 等，1999）。

三、发展中国家研究新 MNEs 的视角

对后发国家 MNEs 来讲，不论是选择并购还是对外直接投资都是一项风险极高的重大抉择。它们面临的一方面是对外界陌生环境的不适应，没有全球化的经验可循，风险往往难以估计。因为在国外，企业仅仅存在竞争优势，并不意味着该公司有垂直扩张的可能，还要具备更低的成本要素或是更高的生产力因素，甚至两者兼而有之，扩张才有可能发生，MNEs 才可能从与宗主国的生产商转换成供应商的过程中获得比较竞争优势的收益。另一方面是它们在国际市场上还是个"新人"，东道国对其的了解也十分浅显。因此，后发国家在研究 MNEs 的视角上，首先关注的不是实现利润最大化或是提升自身竞争力，而是对外投资项目的风险评估，之后才会考虑如何提升企业管理能力、品牌、技术等无形资产和竞争力等问题。而对于发展中国家对外扩展的动因研究上，由于学者们目前得出的是错误的或是相互矛盾的结论，因此逐步将 FDI 分成逆向投资和顺向投资进行比较研究（吴先明和黄春桃，2016）。目前，对后发国家进行的国际化研究主要可以分成以下两个方面：一是从获取发达国家先进技术、比较生产率与 FDI 的关联、自然资源的开发、开拓海外市场等方面进行研究，经典案例如 20 世纪 90 年代日本进军美国市场；二是 FDI 路径研究，从政治、经济、文化等多个维度对新

MNEs 投资发达国家与发展中国家进行的全方位比较和度量。

(一) 对外直接投资 (FDI) 的研究

Madhok (1998) 认为, 以交易成本为主线的论点在解决 MNEs 进入外国市场的决策模式中占有主导地位, 而另一主线则是考察企业自身的能力建设。通过这两个角度, 结合实证检验外国市场进入决定模式的基本参数, 提出了五个影响因素: 全球化运营能力、技术转让经验、企业活动经验与国外环境变化的差异程度、社会制度文化距离和资源的共享性。Zhao 等 (2004) 通过 1986~2002 年根据交易成本法和扩展的交易成本法, 对 FDI 进入方式进行实证研究的 38 篇文献做了定量荟萃分析, 发现 38 篇文献中有 106 个影响因子, 认为在调节变量的程度上, 环境因素也与统计性偏差有关。总体上看, 交易成本法对 FDI 进入方式的预测作用, 在一定程度上有效 (吴敏华, 2008)。

Luo 和 Tung (2007) 采用跳板视角来考虑新兴市场的跨国公司的国际化。以案例分析的方式, 讨论了新 MNEs 国家化扩张的特征、独特的国际化动机, 划定了这类公司在追求扩张中特有的战略和行为, 并解释了这种基于国际化 "跳板" 战略相关联的风险和补救方式。

Cheng 和 Ma (2008) 对 2003~2006 年 90 个实际接受中国 FDI 的宗主国进行了分析。通过对面板数据的使用, 他们在详述中并没有包括制度和自然资源。而从其他的解释变量上看, 他们发现东道国 GDP、文化相似度、与中国地理是否接壤等是吸引中国开展 FDI 的原因。Cheung 和 Qian (2008) 认为, 中国直到 2003 年才开始出版涉及 OECD 和 IMF 标准的 FDI 数据。联合国贸发数据库 (UNCTAD) 2003~2006 年的 142 个国家接受来自中国的投资数据显示, 来自中国的 FDI 在 2003~2006 年总量增长了 6 倍多, 超过 80% 的资金投向了离岸金融中心, 比如 Cayman Island (开曼群岛)、英属维尔京群岛和中国香港。当然, 也有相当数量的资金投向了其他的国家, 这里面既包括经合组织国家, 也包括非经合组织国家。他们在定量分析中发现, 制度 (通过国家风险来衡量) 并不是吸引中国开展对外直接投资的关键因素, 而自然资源 (主要通过商品出口总额中的燃油、矿产和出口金属代表) 才是吸引中国开展 FDI 的关键因素。

Preet 和 Ray (2015) 通过建立风险行为视角, 考察了印度公司在拥有企业所有权之后的角色, 2002~2011 年搜集到的印度 500 家对外投资企业样本, 印度的跨国公司在掌握了公司层面的资源和能力后, 公司 CEO 们的国际化经验、发起人持股，以及在外国市场的外国投资者们都对公司并购起到了积极的作用。吴先明和黄春桃（2016）通过选取2003~2012年中国对55个东道国直接投资的面板数据，从逆向投资和顺向投资比较的视角，分析了中国企业国际化的动因，并检验了东道国制度环境的调节作用。

根据前文的分析，本书认为，尽管新 MNEs 拥有挑战传统 MNEs 的勇气和决心，但基本达成共识在于：第一，全球化战略的游戏规则的制定早已完成，发达国家制定的"游戏规则"依然有效，且该游戏规则依然有利于发达国家。因此，在诸如企业技术垄断、获取东道国合资所有权甚至行业垄断等方面，新 MNEs 并没有太多优势。第二，新 MNEs 作为后来者，在开拓海外市场时，既要利用自己并不强大的资金优势、资源禀赋和相对薄弱的战略潜力去开拓广袤的陌生市场，同时还要面对来自技术领先的发达国家同行企业的竞争。第三，由于历史原因，这些新 MNEs 一方面在企业内部不受"成规"的限制，故而学习能力比较快，改革效率也比较高；另一方面它们或是怀着掌握核心技术的心愿与发达国家的企业开展合作，或是利用本国的市场换取资源等方式，从而获得自身能力的提升。但许多时候，由于经验不足，在国际化合作的过程中，结果往往事与愿违，许多企业最后反而还丧失了对本企业的支配权和控制权（Demsetz，1997）。

（二）FDI 与母公司生产率的关系研究

企业生产率的测算涉及的影响因素较多，对于对外直接投资和生产率间的关联性问题，国内多从实证定量的角度加以考察。例如，对不同投资类型可能对生产率带来不同差异的考察，多数研究表明对外投资与企业自身生产率之间确实存在一定关联，但对于为什么会出现这种关联、什么机制在发生作用，以及可以用什么理论解释还鲜有论述。况且，对于到底是生产率提升了才有助于企业更好地开展 FDI，还是由于企业先开展了 FDI，而后促进了母公司在生产率上的提升，也没有一个根本性的结论。

田巍和余淼杰（2012）通过浙江制造业微观企业数据，考察了这类企业自身生产率的变化与对外直接投资间的关联程度和紧密系数。在控制了回归分析可能的内生性及其他影响因素后发现，生产率与对外直接投资呈正相关。

袁东等（2015）采用扩展的 Olley – Pakes（1996）方法来估算企业生产率，并运用倾向得分匹配的方法考察了企业 FDI 可能对自身生产率所产生的效应。主要结论是：第一，企业的生产率受 FDI 的影响比较明显，即开展对外投资业务的企业，其生产率会高于没有开展对外投资的企业；第二，投资的国家不同，则企业生产率获益的大小也不同，具体来说，就是 OECD 国家的企业生产率高于非 OECD 国家；第三，肯定了绿地投资（Green Investment）对企业生产率的积极作用，但认为跨国间的企业兼并收购对母公司具有较大的风险和挑战。

以上文献主要研究了企业开展 FDI 后对企业生产率的影响，得出的结论基本上较为一致，即开展了 FDI 的企业都在不同程度上促进了企业生产率的提升；同时，相比没有从事 FDI 的同行企业而言，其生产率相对更高一些。

周茂等（2015）在借助商务部《境外投资企业（机构）名录》和"中国工业企业数据库"所形成的企业财务信息与企业对外投资信息的基础上，实证考察了生产率对中国企业对外投资进入模式的影响，认为生产率越高的企业在对外直接投资的具体方式上选择并购的概率越大，管理能力越强的企业也明显越倾向于并购模式，但研发能力强的企业在对外投资具体模式的选择上不明显。

朱荃和张天华（2015）利用中国 2006～2012 年 A 股上市公司企业样本，从对外投资模式类型、企业性质、企业资本密集度、对外直接投资数量和目的地五个方面进行了实证研究，认为生产率在对外直接投资上对资源型国有企业和有政治关联的国有企业并无明显影响，而对贸易型、制造型、研发型以及劳动密集型企业，特别是在面向低收入国家开展投资方面有正向影响。

以上研究又从反向视角考察了企业生产率对企业对外投资和具体投资模式的影响。这类文献主要采用国内某一段时期的数据，且偏重于某些具体行业和方面来加以实证。应该看到，企业的生产率与企业开展对外直接投资之间确实存在着十分密切的关联性，两者存在某种程度的互为因果的促进作用。但国内文献普遍缺乏从理论高度对此加以推导和证明，也鲜有文献以传统西方跨国公司的既有理论为基础，从而构建基于我国国情的理论。大多文献还处于实证测算和模型计量的检验层面，对生产率与对外投资模式之间发生相互关系的内在机制鲜有论述。

（三）对外直接投资路径选择和影响因素研究

早在 2006 年前后，李卓等就根据西方既有的新新贸易理论以及 Yeaple（2004）、Grossman 和 Helpman（2005）有关 MNEs 的一体化战略，对我国 MNEs 的路径进行了研究。该研究通过分析我国 MNEs 所面临的国际化经营现状，认为可以构建一个非对称的"三国模型"。该模型构建了两个劳动力丰富且发展完全对称的发展中国家，以及一个资本密集型的发达国家，通过假定 MNEs 总部在其中一个发展中国家，进而阐述了贸易成本、要素禀赋、市场规模以及企业专有的技术水平等因素，对企业开展国际化的选择可能带来的巨大影响，其主要结论是：发展中国家的 MNEs 在对外国家化战略上还是要遵循跨国公司的一般"游戏规则"，但又不能完全照搬之前传统的理论和经验。

之后的国内研究多借鉴既有的西方传统跨国公司理论，在此基础上开展对后发国家特别是我国 MNEs 对外投资上的路径选择研究。

张为付（2008）运用物理学的受力原理和逻辑范式，通过分析内外部相互引力、周围环境支撑力等对影响对外投资模式的各种作用力，进行了理论探索和考察，进而对既有的对外投资模式理论设定了七个基本假设，并通过实证检验对其程度进行了多元分析，最后对如何优化我国的对外投资模式提出了优化建议。

Chen 和 Moore（2010）根据 Helpman 等（2004）基于新新贸易理论建立的多国模型，通过引入国别间各企业产品需求的差异，阐述了企业的异质性在 MNEs 区位选择中的作用，指出具有不同全要素生产率的企业应选取不同的国外生产区位，效率较高的企业比效率较低的企业更偏好于选择市场需求较小以及生产成本较高的国外市场进行投资，而这一结论在对法国制造业的研究中得到了一定的实证检验。

范黎波和王肃（2011）采用案例分析的方法，基于 Mathews 提出的发展中国家跨国公司的 3L 分析模型——互联（Linkage）、杠杆化（Leverage）和学习（Learning），以这个理论分析范式作为发展中国家跨国公司的成长路径，尝试构建加入 3E（Embeddedness, Equipoise and Endogenous），认为新兴跨国公司在开拓海外业务的路径上的关键点主要是内生性、平衡性和嵌入性。

王娟和方良静（2011）认为，对于东道国而言，其对外开放水平、资源禀赋和市场规模等诸多领域与跨国企业的直接投资都有着十分明显的关联性。同时，对于该国国内本身存在的诸如政治、经济和文化风险，通过实证结论认为关联性并不显著。

宗芳宇等（2012）构建了母国来源于发展中国家的跨国企业模型，采用中国上市公司 2003~2009 年对外直接投资数据，对涉及具体对外投资的地域选择进行了实证，认为双边投资协定对于对外投资特别是制度环境较差的签约国具有较好的替补作用和积极影响。

潘镇和金中坤（2015）将政治因素纳入制度分析框架，考察了双边政治关系和东道国制度风险对中国对外直接投资机制和效应的影响。通过对相关年份的国家数据分析和测算，其结论是中国的对外直接投资往往偏好于政治关系好但制度风险高的东道国。

杨连星等（2016）基于 2005~2014 年中国企业层面对外直接投资数据进行了实证研究。研究发现：相互友好的双边政治关系有助于企业对外投资规模、多元化程度和投资成功率的提高，但存在一定的政策工具和行业上的差异。

可见，东道国的政治制度因素，特别是营商环境、腐败程度等对外来投资企业的选择，以及选择何种具体模式进入都有非常大的影响。因此，跨国公司进入一国市场，并不仅仅如传统跨国理论所言仅从企业自身在行业中的要素禀赋优势，或是单纯地基于行业经济领域的利益最大化进行考察，就能获得科学的答案。随着全球化区域的多边化和复杂化，学者们越来越注重将东道国的政治制度因素、营商环境甚至腐败程度等指标纳入进来，进一步丰富和发展企业跨国投资理论。

四、小结

半个多世纪以来，对跨国公司的研究一直方兴未艾。但从发展的阶段看，主要分为如下几个阶段：

第一个阶段：以斯蒂芬·赫伯特·海默（Stephen Herbert Hymer）为代表的第一代研究者们的研究，还带有跨国公司理论要脱离传统理论"另起炉灶"的思想，因而开创了垄断优势理论。本书认为，这种垄断优势理论在很大程度上受熊彼特"创造性毁灭"等基本观点的影响。当然，由于时代发展的局限性，此时的研究更多的是以发达国家或以本国的跨国公司为对象进行的狭义上的研究，况且在"二战"后的 30 年里，也只有发达国家拥有雄厚的财力和技术进行海外市场的开拓。

第二个阶段：以约翰·邓宁为标志的"折衷学派"摆脱了国别的限制，创立了一般化的理论体系，并将所有权垄断、区位优势和内部化优势作为其理论的三大支柱。在当时看来，要想成为跨国公司，首先要在所有权上占有垄断，但随后新兴 MNEs 的兴起和扩张表明，在未能取得所有权垄断、没有行业垄断竞争力，以及缺乏管理跨国经验和行业技术等有形或是无形资产的条件下，新 MNEs

依然能够进行国际化运营，而这也许是"折衷学派"难以回答的一个根本问题。

第三个阶段：20世纪80年代以后出现的广大新兴经济体的MNEs，具有许多之前理论未能涉及和传统发达国家所不具有的特征（见表2-4）。

表2-4 新MNEs和传统MNEs特征对比

指标	新MNEs	传统MNEs
扩张速度	加速	逐步
竞争优势	弱：升级所需要的资源少，获取难度也大	强：从母国获得所需要的资源容易，升级所需的资源也多
与东道国政府打交道的能力	强：母公司曾长期处于不稳定的国内政治环境、市场发育不完善、产权制度不明晰等	弱：公司处于稳定的国内政治环境，营商环境较好，具有健全的产权制度、法律法规等
扩张路径	双重路径：同时进入发达国家和发展中国家	单一路径：距离上从近到远逐步进入，多为垂直扩张
采用进入的模式	外部扩张：联盟或者并购	内部增长：完全拥有附属企业（独资）
组织适应性	高：企业没有文化上的历史沉淀和包袱，易于求变求新	低：具有根深蒂固的结构和文化，不易求变求新
与本国政府的紧密程度	强：多为国有企业或是具有金融财团背景	弱：多为行业领军的私营企业
经营的范围	常根据本国的产业发展来制订，或是根据不同的发展时期重点培育、重点支持	没有特别明显的行业集中分布
演进的路径	通常先与本国的某个地区实现集聚发展，再集体"打包"投资海外，地域特点比较明显	没有明显的地域特征，或是集聚起来之后再一起"打包"向外扩张
扩张的目的	获取自然资源、获取先进技术、提升管理经验和品牌等企业专有资产的战略	以实现资本利益最大化、争取行业垄断地位为首要目的

资料来源：笔者自行整理。

目前，绝大多数研究都是以西方学者的研究结论为前提从而研究后发国家的新兴MNEs，难免具有一定的局限性和角度的偏差。当前，我国正处于"一带一路"的关键战略换挡期，因而在研究中国等新兴经济体的MNEs时，将企业异质性纳入对外投资和对外贸易中已成必然，而下一步在结合"一带一路"倡议走出去的研究中，如何根据国别的不同进行精准投资和开展贸易，或者说把"国别异质性"纳入进来，必将成为中国当前经济学研究的重点。

第二节 出口贸易理论

一、贸易理论的发展与逻辑演变的再认识

传统的贸易理论往往认为在所有行业中，企业都是同质的。因而，在这一基本假设不变的前提下，虽然可以相对有力地开展理论和实证研究。例如，比较优势理论和要素禀赋论等都是建立在产业间分工的基础之上，但随着国际市场分工的不断深化，研究的视角从宏观层面到中观层面再到微观层面，关注的重点领域也发生了较大变化。比如，宏观层面的贸易研究主要通过李嘉图的比较优势理论和要素禀赋论等，用来解释在不同产业间发生贸易的主要原因和动机。中观层面则主要关注国家间就同一产业的贸易如何开展，即表明了不同行业具有异质性，因而被认为是新贸易理论，但该理论依然假定在相同行业内，所有的企业是无差别的或者说是同质化的。其中，规模经济被认为是贸易可以在产业内部发生的根本因素。而目前在微观层面的研究上，则主要是基于企业异质性的新新贸易理论，它意味着在同一产业内部，不同企业之间也存在诸如企业规模、利润率、生产率、要素密集度、所有制、人力资本等诸多方面的差异，企业也具有异质性，因而就需要分别研究。故而，选取了同一行业中不同企业所体现出的不同生产率来代表企业间的差异性，并根据这一差异来进一步拓展，看其是否能拓展到开展对外业务的关联性或密切程度上。

企业是选择出口贸易还是进行对外直接投资开展对外合作，已成为研究企业"走出去"战略选择的重要方面。从新新贸易理论来看，其研究视角已经包含了出口和对外直接投资两种模式。在出口方面，又可以进一步地研究诸如出口目的地选择、出口数量选择、出口品种类型、出口价格歧视等诸多领域；而对于企业的对外直接投资，由于前期已有大量跨国公司理论作为铺垫，故而在研究的视角上多有重合。比如，新新贸易理论事实上是将生产率作为可否开展对外业务的临界阈值。也就是说,生产率低于一定数值的企业只能从事国内业务。在生产率高于临界门槛值的企业中,再根据同样的逻辑设定一个更高的生产率门槛值,把低于该生产率门槛值的企业划入出口行列,把高于该值的企业并入对外直接投资行列。跨国投资理论则认为,只有当所有权优势、内部化优势和区位优势三者都同时满足时,企业才可以开展对外直接投资;如果只满足所有权优势、内部化优势两个优势,只能开展出口业务;而如果只满足所有权这一个优势,则只能开展技术转让,即所谓合资或合作等。因此,企业生产率本身并没有多么重要的价值和意义,它只是企业内部与开展何种对外业务的众多参考要素中的一个因素而已。

因此,对于要开展国际化业务的跨国公司来说,需要在同行业的企业之间找出共有的一个或多个基本要素,这个因素既可以是生产率、资本密集度、企业收入、企业经营年限等诸多经济效益指标,也可以是所有权优势、内部化优势或是其他蕴含在企业经营中的共有要素。因而可以对同行业中不同业务的企业进行对比研究,再找出这些共有要素与出口和对外直接投资之间存在的关联性。一般来说,由于企业在开拓未知的国外市场时,用于摊销国际不确定性因素或者风险的成本要比国内市场更大,因而如果这些共有要素与所耗费的成本之间存在正相关关系,比如企业开展一项业务需要耗费更大的成本,那么企业要想继续存活下去,就必然要拿出更多的利润来冲抵这种可能发生的损失,相比同行业中没有开展此类业务的其他企业来说,它要承担更大的破产风险。所以在传统意义上,跨国公司往往都是同行中效益最优、利润最好、资本雄厚,或是在多个领域都具有行业领先水平的优质企业。本书也认为这是企业能否开展国际化的基本前提假设。

本书注意到,企业异质性理论有个单一因果的对应关系问题,即必须是生产率的提高是"因",能够开展对外业务是"果",只有在这样的因果体系下,企业生产率才能成为衡量企业是否可以走出去的门槛值。但国内学者汤毅和尹翔硕(2014)认为,贸易自由化能够逆向影响企业生产率的提升。事实上,国外学者也较早关注到了这个核心问题。Pavcnik(2002)就曾利用南美智利的制造业企业的数据分析贸易自由化与企业生产率之间的相互关系问题,以及该指标对行业生产率的影响和关联。Amiti 和 Konings(2007)采用印度尼西亚的工业企业数据对关税减免下的出口会怎样影响本国企业的生产率进行了分析,研究表明,贸易自由化可以通过提升关税从而提升该国的企业生产率。蒋冠宏和蒋殿春(2014)

认为，企业对外直接投资的确提升了企业生产率，但提升作用会随着时间推移逐渐降低。同时，由于东道国经济社会发展水平不同，对企业生产率的提升也有较大差异。

此外，对于国内出现的"出口—生产率悖论"问题也多有论述（李春顶和尹翔硕，2009；戴觅和余淼杰，2014）。虽然，从本质上看，此类悖论并不违背新新贸易理论的基本事实，即该现象并不是中国特色，而是由于中国当时的政策所导致的要素扭曲的必然结果。但本书也注意到，生产率在解释企业出口上的牵强与不足。因此，在对新新贸易理论就企业生产率这单一要素作为衡量企业是否可作为出口与对外直接投资门槛值，还有待进一步的研究和探讨。

二、新新贸易理论与跨国公司理论的融合

事实上，企业选择何种方式参与国际化的运营的有关研究并不是从新新贸易理论才开始的。企业在走出去的过程中，逐步开展对东道国各个领域的学习和认知。这个学习和认知的过程需要一段较长时间的摸索、经验总结与教训积累。在这方面比较有代表性的如乌普萨拉理论，就对企业在跨国经营中的递进式拓展进行了研究，但不足之处在于该理论着重强调资源异质性，依然属于"资源基础观"（The Resource–Based View）战略（Penrose，1959）。在此之后的诸多理论文献包括对企业在经验学习等过程的考察（Johanson 和 Vahlne，1990；Pedersen 和 Petersen，1998；J. Johanson，2013），以及对新兴经济体国家的跨国公司研究中所涉及的所有权的类型、企业间组织关系（Li 等，2017）、投资者的溢出效应（Hertenstein 等，2017）、同行之间的相互模仿和信息交换（Xie 和 Li，2017）等，都从不同方面对新兴经济体的跨国公司进行了研究并提出了诸多建设性的意见。但由于这些后发的跨国公司多来源于发展中国家，跨国企业的发展并不是很成熟，理论上也并不系统和全面。即使有诸如联想或是塔塔等个别大企业，但总体而言，多数企业仍处于学习和跟进的早期阶段，短期内难以应对各种复杂的全球市场的挑战。故而，这些后来的跨国业务的参与者们，还需要进一步地通过各种溢出效应、关联兼并、跨国并购以及在研发上的投资学习逐步积累更多跨国业务的实战经验，通过不同的渠道不断提升它们开展国际化业务的能力（Chari 和 Acikgoz，2015）。

因此，在对企业国际化方式选择的探索上，新新贸易理论并没有过多的新

意，与传统的贸易理论相比，它仅是研究了同一行业内部不同的企业，企业生产率与企业开展对外业务之间，可能存在一定的正相关性。而这种正相关性完全可以由优质企业中共有的类似要素加以替代发挥出临界门槛的作用，比如跨国公司理论中普遍具有的所有权优势、区域优势，乌普萨拉理论中的各种学习效应等，都可以作为衡量企业内在的必然要素，因而也就同样具有衡量企业选择出口和对外直接投资的作用。

三、本节小结

本节通过对贸易理论的发展和演化的回顾，重点分析了新新贸易理论在解释生产率和出口、对外直接投资方面存在的主要问题和不足，以及该理论与传统的跨国公司理论、乌普萨拉理论等理论在逻辑上的相通之处。其中最重要的一点是，在衡量企业核心要素与企业是否可开展出口与对外直接投资的指标选取上，通过对不同理论就相同问题的对比分析发现，生产率与出口、对外直接投资之间存在的正相关性完全可以通过衡量优质企业的其他要素（指标）加以替代。此外，优质企业共有的一些要素指标，以及开展对外业务的出口和对外直接投资之间存在一定的正相关，是开展跨国企业的要素提升在前（因），开展跨国行为在后（果），还是存在反向因果性或是互为因果，目前学术界尚无定论。

第三节 "一带一路"倡议的发展脉络

一、"一带一路"倡议的提出与发展

2013年9月7日，习近平总书记在出访中亚国家期间，首次提出共建"丝绸之路经济带"。同年10月，他在出访东南亚国家期间，又提出了共建"21世纪海上丝绸之路"，两者共同构成了"一带一路"重大倡议，该倡议将基础设施建设和互联互通作为与各国优先合作的领域和战略着眼点，其原因在于：一方面，沿线诸多发展中国家在基础设施领域还十分落后，既缺少资金也缺少技术，而沿线的部分发达国家，在基础设施的维护和升级等诸多方面，也同样有较大的

需求缺口（汤敏和林毅夫，2015）。因而，通过利用我国富余的资金，可以帮助"一带一路"沿线国家实现改善交通、电力、通信等基础设施的需要。另一方面，良好的基础设施既可以为我国"走出去"开拓新市场，营造良好的营商环境，也可为下一步深化同当地政府与市场的信任，更好地开拓双边经贸合作水平打下基础，从而真正实现互利双赢的良好局面。同时，也对提高当地国民收入、扩大相关部门的就业等诸多方面，发挥出立竿见影的效果。

2013年12月10日至13日，中央经济工作会议提出，不断提高对外开放水平，推进"丝绸之路经济带"和"21世纪海上丝绸之路"建设。同年，李克强总理在中国—东盟博览会期间，也对希望通过打造海上丝绸之路中的东盟段，带动腹地发展的战略支点等方面做了重点阐述和强调。2014年12月召开的中央经济工作会议再次将实施"一带一路"建设、京津冀协同发展和长江经济带发展作为今后中国优先发展的三大战略。2015年3月28日，国家商务部、外交部联合国家发改委正式发布《推动共建丝绸之路经济带和21世纪海上丝绸之路的愿景与行动》（以下简称《愿景与行动》），重点就时代背景、共建原则、框架思路、合作重点、合作机制等做了翔实阐述。2015年12月25日，亚洲基础设施投资银行正式成立，首批贷款计划于2016年年中批准。2017年3月17日，联合国安理会决议呼吁各国积极推进"一带一路"建设，共同"构建人类命运共同体"，这是对以往联合国及安理会决议关于"一带一路"表述的继承和发展，进一步强化了国际社会的共识。2017年5月14日，"一带一路"国际合作高峰论坛在北京开幕，强调了坚持以"和平合作、开放包容、互学互鉴、互利共赢"为核心的丝路精神。此次论坛的主题是"加强国际合作，共建'一带一路'，实现共赢发展"，与会国家中还有多个暂时尚未纳入"一带一路"沿线中，比如南美洲的智利、大洋洲的斐济等国家，但均表达了对"一带一路"倡议的认可和愿加强同中国的合作意向。随着"一带一路"倡议的深入发展，必将有越来越多的国家加入这个合作平台中。沿线国家的数目日趋增加，合作空间和领域的逐步扩大将成为必然。

二、"一带一路"倡议在经贸合作中的举措和逻辑

"一带一路"倡议的提出并非是空穴来风的噱头和空洞的口号，它既是我国在新世纪加快国际化扩大开放的必然产物，也是基于我国的现实国情，应对国际

社会在后金融危机时代出现的以英国脱欧、美国优先等为标志的"逆全球化"浪潮的重要举措。2013年12月召开的党的十八届三中全会通过了《中共中央关于全面深化改革若干重大问题的决定》，其中就"构建开放性经济新体制"明确了要推进丝绸之路经济带和海上丝绸之路的建设，加快形成全方位开放新格局的总方向和总基调。因此，"一带一路"倡议的重点合作领域和发展方向是我们进一步研究和认识中国如何同沿线国家开展合作、以什么形式合作、合作的路径和机制是什么、倡议提出前后出现了哪些新变化以及还会在哪些方面有调整等问题的根本出发点。

2015年3月发布的《愿景与行动》提出了"一带一路"倡议合作重点和推进的主要领域，指明了战略目标是要与沿线国家共建利益共同体，阐述了"一带一路"倡议的根本出发点。但由于《愿景与行动》仅是一个意向性或是框架性的指导文本，并提出具体的措施，因此商务部于2015年5月12日发布了《关于加快培育外贸竞争新优势的若干建议》① 中明确了要全面提升与"一带一路"沿线国家的经贸合作水平，主要内容既包括深化贸易合作，也包含进一步拓展产业投资和优化周边经贸合作格局的基本主张。其中，加快培育外贸竞争新优势，意味着要通过与"一带一路"沿线国家的合作，进一步通过做大做强本国优质产业和加强相关合作达到产业升级的目的。2015年5月16日，国务院印发《关于推进国际产能和装备制造合作的指导意见》②，提出借助"一带一路"倡议这一合作平台，加快国内优质产能"走出去"，将国外优质产能吸收进来，提升本国产业整体实力，再将产品输出升级为产业输出，加快提升对外合作质量。这一认识意味着"一带一路"倡议是中国与沿线国家间的双向合作平台，既扩大了中国与沿线国家相互学习的渠道，降低了交流的成本和时间，也加快了中国与沿线国家间产业升级和双边合作的力度与结构。与此同时，对包括钢铁、石化、光伏太阳能过剩产业进行重点布局，进而逐步化解。随着一系列涉及"一带一路"倡议重要文件的出台，如何更好地开展同"一带一路"沿线国家的合作也变得逐渐清晰起来，图2-1从我国与沿线国家开展优质产能合作与过剩产能合作两

---

① 《商务部召开〈关于加快培育外贸竞争新优势的若干建议〉专题新闻发布会》，http：//finance. sina. com. cn/roll/20150529/114922301195. shtm。

② 国务院：《关于推进国际产能和装备制造合作的指导意见》，新华网，http：//news. xinhuanet. com/politics/2015-05/16/c_1115304415. htm。

条路径对出台的一系列文件进行了诠释。

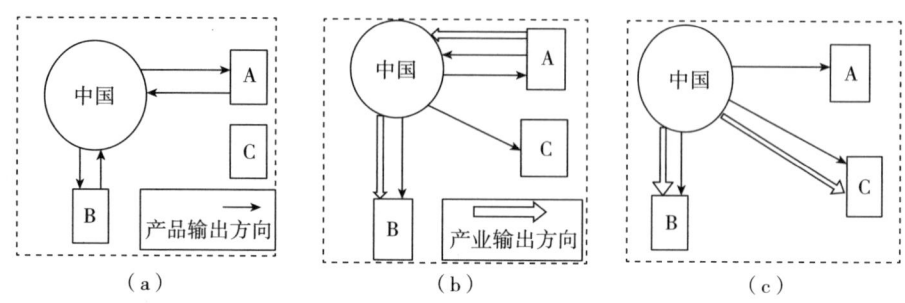

图 2-1 "一带一路"倡议文件的逻辑解读

由图 2-1（a）可知，在"一带一路"倡议提出之前，由于还没有该重要合作平台的支撑，因而中国与沿线国家之间的优质产能合作规模较小，合作的紧密程度也较低，合作质量不高。图 2-1（a）中假定 A 国为发展相对发达的沿线国家，B 国和 C 国为发展相对落后的沿线国家。我国的优质产能输出对象也比较单一，且主要以产品间的输出为主，多面向发达的 A 国市场，而对于 B 国、C 国等相对落后国家只有一般商品的进出口往来，甚至没有合作往来。

由图 2-1（b）可知，在"一带一路"倡议框架下，发展相对发达的 A 国不仅可以向中国输出产品，还可以输出更优质的技术和优质产能，双边合作的力度得到了加强，紧密程度得到了提升，合作质量也有较大的提升。同时，中国在对先进技术和产能进行消化、吸收之后，不仅可以进一步地输出更高质量的产品，还可以将改进后的优质产业进行转移和输出。此外，对于过去与中国在该领域还没有开展经贸合作的沿线国家，比如发展相对落后的 C 国，由于"一带一路"倡议，使得双方在经贸合作上相互信任程度进一步加深，因而我国实现了打开新市场的目的。

由图 2-1（c）可知，一方面，借助"一带一路"倡议这一多边合作平台，可以更好、更迅速地将产业生产的过剩产品输出去；另一方面，对于沿线相对落后的 B 国和 C 国，如果该国对该产业的发展有需要，中国完全也可以将该产业一并转移。

通过对图 2-1 的分析，可以更加直观地感受到"一带一路"倡议在我国与

"一带一路"沿线国家间开展合作中所起的作用。一是由于经贸合作的渠道变得更为顺畅，信息不对称问题可以更好地规避掉，则在该合作平台下开展经贸往来合作，效率必然更高。二是通过"一带一路"倡议这一合作平台，进一步夯实沿线国家对我国政府与企业的信任，为中资企业在当地开展更深入的经贸合作营造更加稳定的外部环境。三是在"一带一路"倡议下，我国对沿线国家的合作方式由原来企业自发"走出去"自寻市场、自担风险转变为由两国政府出面为两国企业开展合作"保驾护航"的新业态。因而，在供需双方的产业合作上比过去有所侧重。四是在我国同沿线国家交往的紧密程度上，与过去相比也必将有更大的提升。不论是出口还是投资，国内政策也将逐步在涉及对外合作的便利性上给予进一步的倾斜和支持。但对于未纳入"一带一路"倡议的非沿线国家而言，本书认为暂时应不具有相对的优惠政策和支持力度。

三、"一带一路"倡议下出口与对外投资相关的文献综述

自"一带一路"倡议提出之后，国内学者就已经开始对在该倡议背景下，中国如何加强同沿线国家的商贸合作展开了探讨，重点基于"五通"从政治外交、文化合作、经贸往来等诸多方面展开研究。本书则重点从双边贸易关系和中国对沿线投资两大方面进行梳理。其中，贸易方面着重从贸易便利化以及贸易竞争性与互补性关系出发开展研究；在对沿线国家的投资方面，重点从产能合作、中国对沿线国家投资的合作与转移等领域进行分析。

(一) 贸易畅通

1. 贸易便利化

国外研究主要从贸易便利化所带来的实际效果出发，对其进行评估和预测。John S. Wilson 等（2003）把贸易便利化定义细化为海关通关服务水平、港口运营效率、东道国国内相关配套政策和服务部门等方面。John S. Wilson 等（2005）发现，区域贸易流量与港口效率之间存在十分紧密的关联度。Moise 和 Sorescu（2013）通过对发展中国家潜在影响的考察，分析了贸易便利化的相关指标情况。

在国内，谢娟娟和岳静（2011）通过采用贸易引力模型手段，对中国与东盟国家间贸易便利化水平进行测量，进一步验证了贸易便利化程度的提高有助于中国与该地区进出口的增加。孙林和倪卡卡（2013）通过东盟贸易便利化后对我国农产品出口的影响及其他国家间相互对比进行了实证研究。王涛（2013）重点对

日本的先进经验进行了考察。李斌等（2014）则通过跨国面板数据对我国贸易服务在出口上的贸易便利化水平进行了实证检测。孔庆峰和董虹蔚（2015）对"一带一路"沿线69个亚欧国家的贸易便利化水平进行了较为详细的测算。

2. 贸易竞争性与互补性

国外在贸易竞争性与互补性问题上的研究较早，Balassa（1965）就曾对贸易自由化与贸易显性比较优势之间的相互关系进行了研究。Limao 和 Venables（2001）则从基础设施、地理阻碍、通勤成本等诸多限制条件对贸易的影响进行了专门分析。Kim（2013）通过2005~2009年数据对韩国和其主要贸易伙伴的互补性变化做了实证检验。关于发展中国家贸易的研究，国外也有所涉及。Amita（2007）在中国和印度的比较优势结构上，从全球化以及地区变迁等视角开展了研究。Faber（2009）就广大发展中国家普遍存在的新建高速路的多重效应以及由此带来的区域一体化和被边缘化等问题开展了研究。Fagiolo（2010）则基于引力模型和拓扑特征研究了国际贸易网络化的成因及影响等。

国内关于贸易竞争性与相互性的研究则主要侧重于某领域。例如，对部分区域间合作的考察。杨立卓等（2015）通过对中国与中亚三国贸易发展现状、总体贸易互补性、产业间贸易互补性和产业内贸易互补性的分析发现，为充分挖掘中国与中亚国家间的贸易潜力，应在"一带一路"建设背景下，进一步优化双边贸易结构、拓展双边经贸关系、创新政府间合作和交流机制、加强基础设施的互联互通、积极构建自贸区和经贸合作区。桑百川和杨立卓（2015）通过定量化的实证研究，采用修正的 CS 指数和 CC 指数构建了一个新的评价系统，分别测算了我国与沿线不同区域国家间的贸易竞争性与贸易互补性的关系，并就不同地区国家存在的比较优势和资源禀赋差异，进一步提出了如何拓展和优化中国与"一带一路"沿线各国贸易关系的政策建议。许和连等（2015）认为：中国、印度、新加坡的网络中心性指标位居前列，"一带一路"的高端制造业贸易网络发挥着重要的"桥梁"和"枢纽"作用，而中亚、北亚等国家处于"一带一路"高端制造业贸易网络的边缘，这与该区域宗教、文化、地缘政治的影响力极不相符，"弱国—强宗教"现象普遍存在。俄罗斯在部分高端制造业的出口上具有一定程度上的不可替代性，且在特定区域还存在集团化的贸易倾向。王美昌和徐康宁（2016）重点从中国与"一带一路"沿线国家贸易的空间交互视角出发，就双边贸易与经济增长的关系展开了实证研究。许家印等（2017）则进一步从两者制度、相邻效应等方面通过空间面板效应对双边贸易开展了实证分析和检验。张雨佳等（2017）通过结合经济地理学与国际贸易理论，重点分析了中国与沿线国家的贸易依赖程度及影响。

（二）产业投资的合作与转移

陈岩和翟瑞瑞（2015）针对通过"一带一路"倡议进一步化解过剩产能的观点，通过利用灰色关联模型，在很大程度上检验了中国各行业对外直接投资对自身在产业结构调整上的效应效果。研究表明，我国通过对外直接投资模式，虽然部分实现了转移国内过剩产能、学习外国先进技术和增加产业内贸易的目的，但其作用和效果依然十分有限。特别是水泥、钢铁、焦炭等行业，并未实现通过"一带一路"倡议化解甚至改善产业结构的目的。此后，张先锋等（2017）分析了通过出口与对外直接投资化解国内过剩产能的内在机制，并对比了两条化解路径的差异。通过查阅、分析 2007～2015 年中国 A 股上市公司的数据后发现，出口仍是化解企业过剩产能的主要方式，对外直接投资并未成为化解过剩产能的主要路径。虽然与出口相比，对外直接投资可以更好地化解企业的过剩产能，但由于我国企业对外投资的时间短、总量小，尚未对消化过剩产能产生显著影响。该结论与陈岩和翟瑞瑞（2015）的基本一致。钟飞腾（2015）认为选择重点沿线国家实施产业推进是"一带一路"建设的关键一环。该研究重点强调了应如何摸索带有中国特色的产业转移之路，针对中国这样一个中等收入经济体开展产业创造性转移，着力分析了产业转移的国家风险和沿线国家如何共同发展的重大问题。Tian（2016）通过新新贸易理论中有关企业异质性的理论对中国出口企业进行了实证研究，发现出口企业的产能利用效率普遍高于非出口企业。

四、小结

自"一带一路"倡议提出以来，相关文献围绕政治、经贸、文化等诸多方面展开了多层次的研究和探讨，立场不同褒贬不一。本书认为，"一带一路"倡议是我国对外开放中最重要也是最长远的国家顶层设计方案，是基于我国现实国情，结合国内国外两个大局，在既要应对国外逆全球化浪潮，又要实现国内经济发展换挡提速，以及经济增速下行压力持续增大的重要节点上，提出的大国方略。因此，该方略在发展脉络和科学性上都有其自身的逻辑规律和发展走势，是我国在"走出去"实践过程中，极具里程碑式的重要环节。"一带一路"倡议必将逐步由目前的一个还带有区域性特征的合作平台，发展为一个全球性的跨国多边合作平台。也必将对我国同沿线国家在政治、经济、外交、文化等各个领域的合作都必将带来重大而深刻的变革。通过双边政府牵线搭桥，为两国经贸合作营造一个良好的外部合作空间，进而再根据合作的需要对国内不相配套的制度进行改革，由开放而促改革，由改革促发展。下一步，我国在对外经贸合作上，不仅会有更深刻的改革，而且在具体产业层面，如涉及开展同"一带一路"沿线国家合作领域和合作方式等，还会有诸多不同的变化。

国内目前相关研究的文献，或是基于我国与单个沿线国家或某区域集团之间的关系展开研究，或是选取某个行业进行实证测算，或是在出口和投资等具体的进入策略上进行不同程度的对比研究。所做的工作多为对既成事实和现象的描述性分析与研究，较少考察和分析在"一带一路"倡议提出之后，我国产业特别是实体企业，在对外经贸合作与交往上，与"一带一路"倡议的关联变化以及产生该变化背后的成因。也较少考察在"一带一路"倡议提出后，我国在沿线国家与非沿线国家的合作上发生了怎样的转变，以及从历史发展的视角进行动态对比研究。

目前的研究将进一步把地理学与经济学进行结合，从而对各国间的经贸合作进行探索。也有学者将西方一般化的新新贸易理论、跨国公司理论等传统研究范式与我国的现实国情相结合。当然所有这些，对于我们下一步深入开展"一带一路"倡议下的跨区域多维度的经贸合作，具有非常重要的理论价值和现实意义。

第四节 本章小结

本章主要基于西方传统的跨国公司理论、贸易理论等与企业开展出口和 FDI 有直接关联的传统西方理论进行了梳理和综述，并就各种理论研究的侧重点、研究范式的不同视角和理论本身的不足、相互融合等诸多问题展开了分析和探讨。结合国内外的相关研究，发现各种理论在解释企业在出口与对外直接投资上，往往能够对已经发生的既成事实做较好的解释和分析，但对于目前面对重大变革冲击和政策效应的作用，既有理论往往缺乏解释力和说服力。本章通过对"一带一路"倡议的整理，并分析其中的逻辑内涵，发现该倡议对现实的多边合作是一种全新的尝试，旧有理论不仅难以解释当前的实践，而且也难以对此进行较好的分析和预测。因为"一带一路"倡议是由一个中等收入的发展中大国提出的，且合作的首要宗旨是互利共赢，有别于旧有西方式的基本假设前提，即私有化的跨国企业都是以追求利润最大化的，或者说"排他性"是"非共赢"的。当然，我国企业在同沿线国家开展合作时，也有追求利润最大化的基本动机和诉求，但在很大程度上，所采取的方式方法与旧有的跨国企业并不完全一致。比如"一带一路"倡议由两国官方相互协作，共同为两国企业的合作"牵线搭桥"，共同营造一个双方企业都更容易互利互通的良好局面；进而，根据开放的现实需求对国内的配套制度进行改革和推进，因此，"一带一路"倡议是一个创新型的国际化合作理念和跨国间经贸合作的新模式。从总的逻辑上讲，已有的传统西方国际化理论是一个静态封闭式的分析范式，对企业开展国际化的逻辑分析，基本上是基于市场内部不同企业间的竞争与博弈展开的，缺失政府这一重要主体，因而是纯市场调节的研究范式。换句话说，政府对于市场的调控与制度改革和企业开展国际化是脱节的。

通过对旧有文献的梳理和对当前我国与沿线国家在"一带一路"倡议下的合作背景，本书认为有必要对已有国际化理论的一些概念和认识进一步加以考虑和分析。特别是要对生产率与开展国际化之间存在的强相关性，以及两者的因果性等问题进行深入的探索和研究。即使是当前较为前沿的新新贸易理论，也依然没有回答在类似发生"一带一路"倡议的冲击下，企业开展出口业务或是FDI时与企业生产率之间的相关性，以及会出现怎样的变化等重大理论问题。

在传统跨国公司理论方面，所有权优势的获取仍然是企业具有行业垄断优势的关键，而中国与沿线国家间开展多边合作，并不存在所谓的行业或所有权等垄断优势。同行业中的大量企业，不论是大企业还是中小企业，如果认为沿线国家值得合作就可以开展双边洽谈。同时，政府在企业间合作中可能发挥出的作用也得到了进一步的体现。而这一点，由于在传统西方理论中，涉及政府对市场作用的问题被长期回避，因此也无法正面分析和回答当下及未来我国与沿线国家开展合作的前景和方向。

第三章　中国对外经贸合作的新变化

第一节　引言

"一带一路"倡议是由我国这个发展中大国首先提出并推动实施的重大跨国多边平台。"一带一路"倡议的提出既是国家经济发展的内在要求,也是我国对外开放进入新时代的重要里程碑。事实上,早在2001年,我国的《国民经济和社会发展第十个五年计划纲要》就已经明确提出了要把企业"走出去"作为国家发展的重要战略。

传统经济学认为,拉动经济的三驾马车为出口、投资和消费,而这里的投资在当时主要指国家对自身建设的投资。改革开放以来,我国主要通过出口贸易,特别是大力扶持和发展劳动密集型产业中的加工贸易,逐步壮大起来。因而从历史发展的视角看,对外贸易或者说出口贸易远比对外直接投资对我国在参与国际化的过程中所发挥的影响要更久远,经验和教训也更丰富。"一带一路"倡议的五大合作重点,即政策沟通、贸易畅通、资金融通、设施沟通、民心相通,其中涉及的对外经贸合作也主要是"贸易畅通"而非"对外投资相通"。因而本书在从经济视角进行分析时,需要对"贸易畅通"中的对外贸易和对外直接投资两个方面分别进行研究。

不论是从经济社会发展的趋势出发,还是从新新贸易理论的分析范式出发,一国对外直接投资的水平往往在一定程度上更能体现出一国的经济发展实力,可以说对外直接投资是对外贸易发展的高级阶段，它既是一国走向国际化的升级版，也是一个行业乃至一家企业国际化的高级阶段。根据新新贸易理论，也只有一个行业中生产率较高的企业才有可能从事诸如对外出口贸易或者对外投资的业务。因为该类企业除了要面临国内市场的各种风险和成本，还必然要面临更多的国际不确定风险，比如东道国的政治安全和营商环境，以及运输上的"冰山"成本。再从企业开展国际化的路径上看，只有生产率最高的那部分企业才可以从事对外直接投资的业务，从而逐步发展为跨国公司。而出口企业往往还属于国际化的初级阶段，因为出口所面临的风险和挑战，一般并没有对外直接投资的风险高。

本章从我国对外经贸发展的历史角度，分别就对外贸易和对外直接投资两个方面进行一个总体梳理和把握。鉴于数据搜集的限制性，我国对外直接投资起步较晚，真正具有权威的文献始于2003年以来由商务部编纂的历年《中国对外直接投资统计公报》，而对外出口贸易的材料要久远得多。但为了更好地进行对比研究，本书搜集的数据基本都来自2003年及以后。此外，正如前文所述，虽然"一带一路"倡议提出的时间为2013年，但该倡议绝不是空穴来风式的口号，其既承接了历史发展的传统，也在经贸发展的基础上，具有必然性和客观规律性。

第二节 中国对外经贸发展的总体特征与现状

下文将对比出口和对外直接投资两种模式。首先，为了便于对比两种模式，所考察的行业应同时具有出口模式和对外直接投资两种模式。其次，本书涉及的出口贸易主要指货物贸易，并不包括服务贸易或者两者的总和。因为从事服务贸易的行业从严格意义上来讲，并不是传统经济意义上的生产型行业，即实体经济。国内学者黄群慧（2017）就曾对实体经济和虚拟经济有过专门的划分，认为第一个层次的实体经济（R0）是制造业，也可以理解为狭义的实体经济。第二个层次的实体经济（R1）主要包括除制造业以外的其他工业，这是传统意义上的实体经济的主要部分。最为广义的实体经济（R2）包括了诸如住宿和餐饮业、批发和零售业、交通运输仓储和邮政业，以及除房地产业和金融以外的其他服务业。实事求是地讲，从产业划分上这部分产业严格意义上应算成第三产业，或者统称为服务业。本书研究的是指工业部门，即出口的产品是货物，对外直接投资的方式应为传统意义上的跨国公司的对外直接投资，如合资、并购、绿地投资等形式。

一、中国对外直接投资模式

（一）中国对外直接投资的总体变化趋势

自美国金融危机爆发以来，世界经济的增长普遍乏力。2016年，全球对外直接投资流量约为1.45万亿美元，年末投资存量约为26.16万亿美元，呈现小幅下降①。但中国自从党的十八大以来，更准确地说，自2013年9月习近平总书记提出"一带一路"倡议以来，我国对外"走出去"战略被赋予了更为明确的内涵，我国的对外工作日渐成熟和完善，中国融入全球化的步伐进一步加快。2016年，我国对外直接投资的总量达到1961.5亿美元的历史最高值，从总量上看连续两年位居全球第二，同比增长了近34.7%，仅低于美国（2900亿美元）。

由图3-1可知，我国的对外直接投资大体可以分为两个阶段：第一阶段（2003~2009年），我国对外直接投资增长率的波动非常大，分别于2005年和2008年先后达到两个投资增长的极值，对外投资呈现"M"型双波峰。但同时也应该注意到，一方面，在这一阶段，我国的对外直接投资总量还很小，起点很低，故而尽管2005年其增长率达到123%，但对外投资规模（总量）也仅为122.61亿美元。在此之后，对外直接投资增长率便出现大幅度下滑。另一方面，我国的对外直接投资受国际大环境的影响较深，既受到东道国本身政治稳定、社会安定等因素的影响，也受国际宏观经济波动的干扰。特别是2007年美国次贷危机以来，世界经济普遍不景气，影响了我国对外直接投资的进程和步伐。另外，我国于2008年进行了4万亿元的投资以应对次贷挑战，在"走出去"方面，出现了逆全球经济走势的强势投资势头，增长率再次出现极值。但这种较为极端的放量投资没有维持较长时间，2009年后又跌入低谷。可以说，2003~2009年，我国的对外直接投资带有十分明显的政府干预的行政色彩，投资波动幅度非常大且不可持续。

---

① 参见：联合国贸发会议《2017年世界投资报告》。

第三章 中国对外经贸合作的新变化

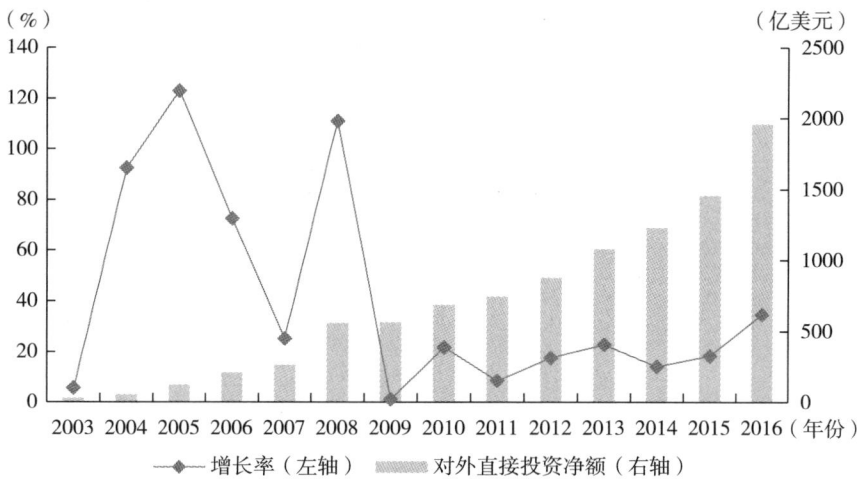

图3-1 2003~2016年中国对外直接投资流量变化情况

资料来源：2003~2015年数据来源于国家统计局数据库，2016年数据来源于《中国对外直接投资统计公报》。

第二阶段（2010~2016年），随着我国经济体量的发展和壮大，我国对外直接投资的实力进一步增强，对外投资经验也日渐丰富，对外直接投资呈现出了较为平稳的增长趋势。从2010年以来，增长率基本稳定在5%~25%，呈现"箱体"态势，摒弃了第一阶段"M"型的不可持续的投资模式。2010年以后，我国对外直接投资的规模是第一阶段无法相比的，2005年我国的对外直接投资规模仅为122.61亿美元，而到了2013年首次突破1000亿美元大关。此时，虽然我国对外直接投资的增长看似趋于平稳，"步子"也较为稳健，但由于经济体量逐年扩大，2016年的流量是2002年的72.6倍，占全球的比重也由最初的不足0.5%提升到13.5%，并首次突破了两位数。因此，我国在对外直接投资中的地位和作用并未减弱，融入国际化的进程也并未放缓。另据2016年《中国对外直接投资统计公报》，2002~2016年中国对外直接投资流量年均增速高达35.8%；2016年我国对外直接投资再次超过吸引外资（1340亿美元），实现2015年以来双向直接投资的资本净输出。

2016年，在中国分行业对外直接投资中，流量超百亿美元的涉及六个领域（见表3-1）。其中，租赁和商务服务业位居第一，达到657.8亿美元，占流量总额的33.5%；制造业居第二，达到290.5亿美元，同比增长近45.3%，并占到流量总额的14.8%。另据商务部数据，制造业细分后，其主要投向汽车制造（47.76亿美元）、计算机/通信以及其他电子设备的制造和开发（39.28亿美元）、专用设备制造（27.3亿美元）、化学原料和化学制品（22.37亿美元）、医药制造（15.86亿美元）、橡胶和塑料制品（12.54亿美元）等涵盖初级产品和工业制成品等多个领域。但同时，各个行业的投资所占的比重并不均衡，流向装备制造业①的投资达到142.5亿美元，同比增长了41.4%，占全部制造业投资的49.1%。

表3-1 2003~2016年中国分行业对外直接投资流量分布

单位：亿美元

年份 行业	2003	2010	2011	2012	2013	2014	2015	2016
总计	28.56	688.11	746.54	878.04	1078.4	1231.2	1456.7	1961.5
农、林、牧、渔业	0.80	5.34	7.98	14.61	18.13	20.35	25.72	32.9
采矿业	13.8	57.15	144.46	135.44	248.08	165.49	112.53	19.3
制造业	6.20	46.64	70.41	86.67	71.97	95.84	199.86	290.5
电力、燃气及水的生产和供应业	0.28	10.06	18.75	19.35	6.80	17.65	21.35	35.4
建筑业	0.28	16.28	16.48	32.45	43.64	33.96	37.35	43.9
交通运输、仓储和邮政业	0.80	56.55	25.64	29.88	33.07	41.75	27.27	16.8
信息传输、计算机服务和软件业	—	5.06	7.76	12.40	14.01	31.70	68.20	186.7
批发和零售业	3.60	67.29	103.24	130.49	146.47	182.91	192.18	208.9
住宿和餐饮业		2.18	1.17	1.37	0.82	2.45	7.23	16.2
金融业	—	86.27	60.71	100.71	151.05	159.18	242.46	149.2

---

① 装备制造业又称装备工业，是为满足国民经济各部门发展和国家安全需要而制造各种技术装备的产业总称。世界其他国家包括国际组织并没有提出"装备制造业"的概念。"装备制造业"的概念可以说是中国独有。按照国民经济行业分类，其产品范围包括机械、电子和兵器工业中的投资类制成品，分属于金属制品业、通用装备制造业、专用设备制造业、交通运输设备制造业、电气机械及器材制造业、通信计算机及其他电子设备制造业、仪器仪表及文化办公用装备制造业7个大类185个小类。

续表

行业＼年份	2003	2010	2011	2012	2013	2014	2015	2016
房地产业	—	16.13	19.74	20.18	39.53	66.05	77.87	152.5
租赁和商务服务业	2.80	302.81	255.97	267.41	270.56	368.31	362.58	657.8
科学研究、技术服务和地质勘查业	—	10.19	7.07	14.79	17.92	16.69	33.45	42.4
水利、环境和公共设施管理业	—	0.72	2.55	0.34	1.45	5.51	13.68	8.4
居民服务和其他服务业	—	3.21	3.29	8.90	11.29	16.52	15.99	54.2
教育	—	0.02	0.20	1.03	0.36	0.14	0.62	2.8
卫生、社会保障和社会福利业	—	0.34	0.06	0.05	0.17	1.53	0.84	4.9
文化、体育和娱乐业	—	1.86	1.05	1.96	3.11	5.19	17.48	38.7
公共管理和社会组织	—	—	—	—	—	—	0.02	7.7

注：因篇幅限制，2004~2009年数据未一并列出，如有需要可向笔者索取。

资料来源：2003~2015年数据来源于国家统计局数据库，2016年数据来源于《中国对外直接投资统计公报》。

由此可见，我国制造业的对外直接投资主要偏重于资本密集型和技术密集型行业，而对于传统的最终消费品制造业，比如皮革、毛皮羽毛及制品，食品制造，纺织业等传统劳动密集型行业的对外直接投资增长较为平缓。从规模总量上看，我国的对外直接投资增长较快，但投资的行业分布十分不均衡。

（二）中国对外直接投资的区域分布特点

传统上有两种普遍的观点，一种观点认为：一国对外直接投资是出于地缘的远近或是文化差异的偏好，常常从距离母国较近的地区开始，进而再拓展出去；另一种观点认为，一国开展对外直接投资具有十分明确的目的性，或是出于资源考虑，或是出于对市场的开拓，或是为了获取先进的技术等，故而其对外直接投资并不太遵从由近到远的发展规律。从中国当前的对外直接投资的分布情况看，一直以来亚洲地区是中国开展对外直接投资的重点，这似乎符合第一种较为传统的观点，但如果从各大洲的占比来看，除了亚洲具有压倒性占比之外，占比较高的并不是离中国较近的大洋洲或是欧洲，而是较远的拉丁美洲和北美洲地区（见图3-2）。另外，从发展的动态趋势上看，我国逐步增大了在亚洲地区的投资力度，特别是自 2011 年以来，摆脱了自 2008 年以来对亚洲投资趋缓的态势。截至 2016 年，中国对亚洲的流量投资占到了当年对外总投资的 66.41%。

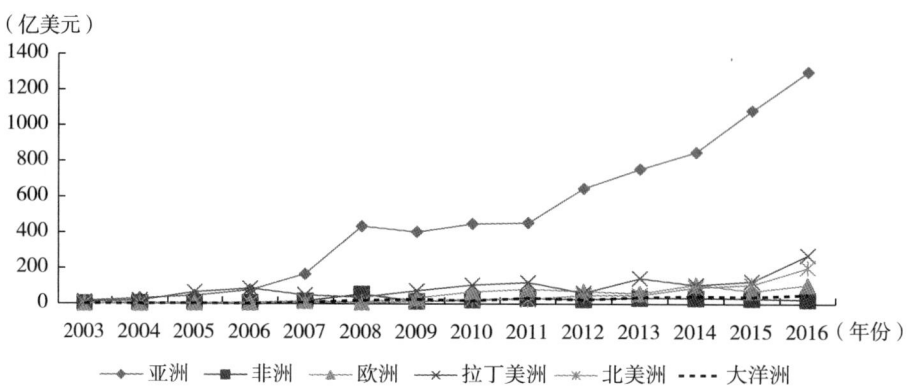

图 3-2　2003~2016 年中国对外直接投资的海外分布

亚洲始终是中国对外直接投资最重要的区域。因此，笔者认为中国的对外直接投资有其自身的特点。特别是 2011 年商务部发布《对外投资国别产业指引（2011 版）》以来，不仅投资规模增长迅速，投资的分布重点也发生了较大变化。欧美等发达国家依然是中国对外直接投资的热点地区，2016 年，流向发达经济体的投资为 368.4 亿美元，同比增长 94%。其中，对欧盟的直接投资达到 99.94 亿美元，同比增长 82.4%；对美国的投资达到 169.81 亿美元，同比增长 111.5%；对澳大利亚的投资达到 41.87 亿美元，同比增长 23.1%。但随着"一带一路"倡议的深入推进，对沿线国家的投资必将成为重要的投资导向区域和重要的增长区域。2015 年，中国企业对"一带一路"沿线国家的投资流量为 189.3 亿美元，同比增长 38.6%，是对全球投资增幅的 2 倍，占当年流量总额的 13%。故而随着"一带一路"倡议的深入推进，必将导致其他地区的投资不同程度地减少，出现一定程度的"虹吸效应"。

因此，中国企业的对外直接投资呈现较为明显的二元化投资形态。一方面，对发达国家和地区的投资，或是出于打开新高端市场的需要，或是出于获取拥有先进技术、品牌等无形资产的渴求，对其的投资力度是空前的；另一方面，广大发展中国家和地区依然是我国投资的主体，特别是亚洲国家，而该地区目前也是

"一带一路"倡议最为重要的核心区和开拓区。因此,"一带一路"倡议不是空穴来风的空洞口号,而是基于我国对外经贸发展的现实和把脉我国对外经贸发展的发展趋势而提出的重大战略。

聚焦到国家和地区层面,中国的对外直接投资有两个较为突出的特点:一是投资主体为广大的亚洲发展中国家。二是对发达国家的投资增速加快,发达国家流量同比增长94.00%,而发展中国家同比增长了25.76%,同时,主要投资对象和投资增速出现分离,投资对象出现了较为明显的分化(见表3-2)。

表3-2 2016年中国对外直接投资经济体构成

国家、经济体名称	流量(亿美元)	同比增长(%)
欧盟	99.94	82.04
美国	169.81	111.50
加拿大	28.71	83.70
澳大利亚	41.87	23.10
日本	3.44	43.30
新西兰	9.06	160.30
挪威	-8.51	—
瑞士	0.68	-72.50
以色列	18.41	700.40
百慕大群岛	4.99	-55.70
发达国家总计	368.40	94.00
发展中国家总计	1593.10	25.76

资料来源:《中国对外直接投资统计公报》;发达经济体划分标准同联合国贸发会议世界投资报告相同,发展中国家数据及增长率由笔者自行计算获得。

由表3-2可知,位于"一带一路"沿线区域经济和国家就包括欧盟、瑞士、以色列,而近年来中国对以上地区的直接投资也出现了较为明显的"井喷"式增长。特别是对以色列,2016年同比增长了700多个百分点,是中国对外直接投资的所有发达国家中增长最快的国家。笔者注意到,2015年国务院出台了多项借助"一带一路"平台,加快推进各项重大高端装备、先进技术和优势产能的合作要求。同时,一系列重大文件相继出台,更加明确了要全面提升与"一带一路"沿线国家的合作质量,从而加快提升我国自身产业的整体水平和总体竞争优势的根本要求。因此,最近几年里相继出台的众多国家层面的跨国合作和对外开放的重大举措,在不同程度上都更加充分地利用"一带一路"倡议这一重大平台,来加快提升我国整体产业竞争力的总体目标。

二、中国对外贸易模式

(一)中国对外贸易的总体发展走势

自2001年中国加入WTO以来,中国对外贸易规模不断扩大,常年处于对外贸易顺差局面。尽管国际金融危机对全球贸易的负面阴影还未完全散去,我国在个别年份,如2009年还出现了罕见的贸易负增长,下行压力依然较大的基本面没有得到根本改善,贸易摩擦也层出不穷,但贸易体量的逐步扩大是不争的事实。特别是在2013年,我国进出口总额达到4.16万亿美元,超过美国成为了世界第一大货物贸易大国。① 从规模发展上讲,这是我国加入WTO以来参与经济全球化的重大里程碑。2013~2015年,中国进一步保持了世界第一大货物贸易国的地位。2015年,我国的对外贸易顺差总额达到5939.03亿美元,创历史新高。但是,我国出口的增长率波动很大,受国际经济大环境的影响较深。增长率从2003年以来出现"M型"增长,而在2010年以后,我国的对外出口贸易的下行态势没有得到根本扭转,下行压力依然很大,进出口总额于2014年达到顶点,之后进出口总量也出现下滑(见表3-3)。

表3-3 2002~2016年中国对外贸易总体变化情况 单位:亿美元,%

年份	进出口总额	出口总额	进口总额	进出口差额	出口增长率
2002	6207.66	3255.96	2951.70	304.26	—
2003	8509.88	4382.28	4127.60	254.68	34.59
2004	11545.55	5933.26	5612.29	320.97	35.39
2005	14219.06	7619.53	6599.53	1020.00	28.42
2006	17604.39	9689.78	7914.61	1775.17	27.17
2007	21765.72	12204.56	9561.16	2639.40	25.95

---

① 参见:商务部《对外贸易发展十三五规划(全文)》。

续表

年份	进出口总额	出口总额	进口总额	进出口差额	出口增长率
2008	25632.60	14306.93	11325.67	2981.26	17.23
2009	22075.35	12016.12	10059.23	1956.89	-16.01
2010	29739.98	15777.54	13962.44	1815.10	31.30
2011	36418.65	18983.81	17434.84	1548.97	20.32
2012	38671.19	20487.14	18184.05	2303.09	7.92
2013	41589.93	22090.04	19499.89	2590.15	7.82
2014	43015.28	23422.93	19592.35	3830.58	6.03
2015	39530.33	22734.68	16795.65	5939.03	-2.94
2016	37261.71	21367.08	15894.63	5472.45	-6.02

资料来源：2002~2015年数据来源于国家统计局，2016年数据为海关月度数据，经笔者加总后形成年度数据。

由于长期以来中国的对外贸易包含了太多来料加工产品，其特点是行业技术门槛低、产品附加值不高，主要面向发达国家出口代加工中间产品。尽管我国的对外贸易量级较大，但长期处于产业价值链低端位置，不仅企业利润低、技术升级缓慢，还容易受到东道国的各种政策刁难。董红和林慧慧（2015）的研究显示，截至2013年底，对中国发起贸易救济立案调查的国家就有22个，最多的是印度，其次是欧盟、土耳其和巴西。其调查立案的主要内容就是反倾销调查，所涉及的商品十分广泛，既包括工业制成品门类的化工、钢材、机械电子产品，也包括诸如玩具、服装、食品加工等诸多初级加工产品。这类遭到调查的产品基本有一个共同特点，即产品的附加值不高，多为劳动密集型产品，如玩具。或为技术含金量较低的资本密集型工业制品，如钢材。另据商务部统计，对华立案最多的国家为印度、美国，分别立案21起、20起。这说明多年来，我国的对外出口贸易在产品质量的提升从本质上仍没有得到根本改善，出口拉动经济发展的传统模式已经越来越不适应新时代的发展要求。

虽然自2003年以来，出口的工业制成品占比多年来保持90%以上的规模（见图3-3）。但由于我国工业制成品的竞争力依然偏低，技术含金量并不高，高端制造业产品出口明显不足的局面没有得到根本改观。

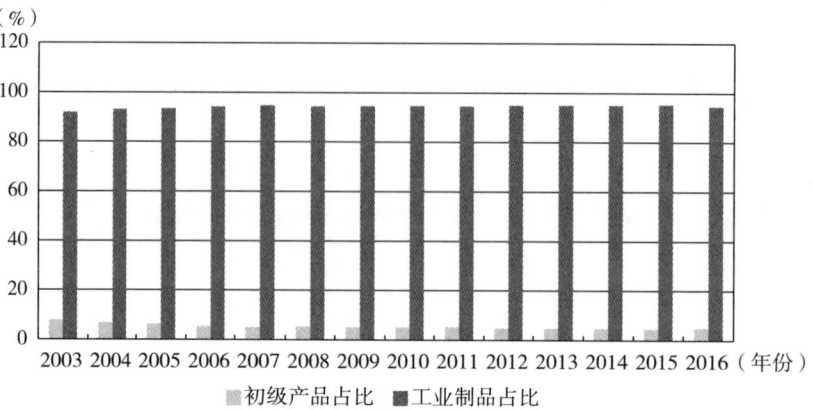

图 3-3　2003~2016 年两类出口产品占总出口的比重

资料来源：2003~2015 年数据来自国家统计局，2016 年数据来源于 UNCTAD 数据库。

因此，要提升中国的对外贸易竞争力，加快工业制成品竞争力的提升是关键。理论上讲，出口产品要迈向中高端，提升出口含金量，摆脱行业价值链的低端劣势，发展工业制品深加工行业理应成为今后的重点。但事实上，即便在"一带一路"倡议提出后，利用出口贸易促进我国产业的转型升级，使出口产品迈向高端化依然十分困难，短期内难以有根本性的改观。况且，进出口贸易领域在"一带一路"倡议提出后，也多是出台有关加快培育外贸竞争新优势的若干建议和文件。并没有对传统的出口产品升级有更高要求，可见，在"一带一路"倡议提出后，在外贸领域更偏向于培育具有更高竞争力的新产品，加快建立与沿线各国贸易的优势互补，同时提升同"一带一路"沿线国家贸易的便利化等。

由表 3-4 可知，自 2003 年以来，中国对外贸易的主要货物门类是机械及运输设备，杂项制品（主要包括四个行业门类：通信、计算机以及其他电子设备制造业，电力、热力生产和供应业，燃气生产和供应业，水的生产和供应业），轻纺产品、橡胶制品、矿冶产品及制成品。而对于传统的劳动密集型初级加工产品，诸如食品及主要供食用的活体动物、饮料及烟类、非食用原料和矿物燃料、润滑油及有关原料等行业的出口规模变化并不明显。商务部发布的《中国对外贸易形式报告（2017 年春季）》显示，2016 年机电产品出口为 8 万亿元，同比下降 1.9%，占出口总值的 57.7%。其中占比超过 10% 的行业门类为：航空航天器、光通信设备、医疗仪器及器械，大型成套设备等出口均超过 5%。可见近年来，我国外贸出口的结构开始有了更深层次的调整,变化最大的是航空航天器、光通信设备等高资本密集、高技术含金量的中高端产品,而涉及传统产业的一些中低端产品,在"一带一路"倡议提出后还没有出现太大的变化。

表 3-4 2003~2016 年中国按国际贸易标准分类的出口货物金额

单位:亿美元

年份	总额	出口货物种类							
		食品及主要供食用的活动物	饮料及烟类	非食用原料	矿物燃料、润滑油及有关原料	化学成品及有关产品	轻纺产品、橡胶制品、矿冶产品及其制品	机械及运输设备	杂项制品
2003	4382.28	175.31	10.19	50.32	111.14	195.81	690.18	1877.73	1260.88
2004	5933.26	188.64	12.14	58.42	144.80	263.60	1006.46	2682.60	1563.98
2005	7619.53	224.80	11.83	74.84	176.22	357.72	1291.21	3522.34	1941.83
2006	9689.36	257.23	11.93	78.60	177.7	445.30	1748.16	4563.43	2380.14
2007	12177.76	307.43	13.97	91.16	199.51	603.24	2198.77	5770.45	2968.44
2008	14306.93	327.62	15.29	113.19	317.73	793.46	2623.91	6733.29	3359.59
2009	12016.12	326.28	16.41	81.53	203.74	620.17	1848.16	5902.74	2997.47
2010	15777.54	411.48	19.06	116.03	266.73	875.72	2491.08	7802.69	3776.52
2011	18983.81	504.93	22.76	149.77	322.74	1147.88	3195.60	9017.74	4593.70
2012	20487.14	520.75	25.90	143.41	310.07	1135.65	3331.41	9643.61	5356.72
2013	22090.04	557.26	26.09	145.63	337.86	1196.18	3606.06	10385.34	5812.49
2014	23422.93	589.14	28.83	158.26	344.46	1345.43	4002.24	10705.04	6220.62
2015	22734.68	581.54	33.09	139.17	279.02	1295.80	3910.18	10591.18	5874.45
2016	21000.00	610.77	35.39	131.00	268.71	1220.00	3530.00	9860.00	5270.00

资料来源:2003~2015 年数据来自国家统计局,2016 年数据来源于 UNCTAD 数据库。

(二) 中国对外贸易的区域分布特点

党的十八大以来,我国对外贸易市场的分布日趋多元化。商务部《对外贸易发展十三五规划(2016)》显示,2015 年我国加大了对发展中国家和新兴市场的贸易往来,对其出口比重达到 45.8%,比"十一五"末提高了大约 5.1 个百分点；对"一带一路"沿线国家和地区的双边贸易更是突破了1万亿美元大关，占我国外贸总额的比重首次超过25%。其中，对俄罗斯、孟加拉国和印度的出口在2016年分别增加了14.2%、9.3%和6.6%。对传统的主要贸易伙伴欧盟、美国的出口也有小幅度增长，分别增长了1.3%、0.1%，而对东盟的出口下降了1.9%。应该看到，我国的对外贸易一直处于动态的变化发展之中，既受到国际经济风向的影响和东道国对华政策的左右，同时也受到国内出口扶持力度的影响。特别是"一带一路"倡议提出以来，沿线国家的基础设施水平不断完善，对该地区的贸易便利度必然有一个质的提升，故而不仅物流时间缩短，双边贸易往来也进一步繁荣，这势必对我国主要的外贸伙伴的分布排名产生重大影响。

由图3-4可以看出，中国对亚洲的出口贸易与上文中对外直接投资的分布相似，都是亚洲国家和地区占压倒性态势，尽管个别年份略有波动，但仍然远超其他各大洲的贸易规模。排在第二、第三位的是欧洲和北美洲。从发展的趋势上看，目前中国对这两个大洲的出口规模基本相当。但与对外直接投资的分布不同，我国对拉丁美洲的贸易规模并不显著，明显低于北美洲和欧洲两个发达经济区的规模。

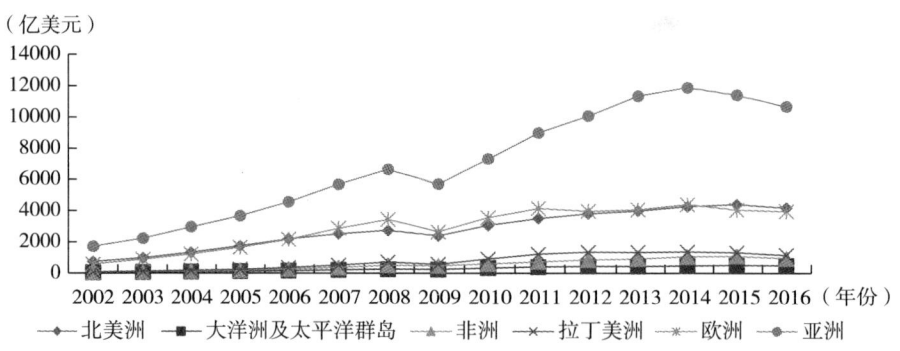

图3-4 2002~2016年中国出口贸易的区域分布

资料来源：2002~2015年数据来源于国家统计局，2016年数据来源于CEIC月度数据库，由笔者自行加总计算后求得。

为进一步考察我国对外贸易的国别分布情况，本书根据商务部公布的《2016年中国对外贸易形式报告》中所列的中国主要贸易伙伴名单，结合对外直接投资的主要国家名单,列出了12个与中国在贸易中占有较大份额的国家和地区。由表3-5可知,对这12个国家和地区的出口占到我国对外总出口的90%左右,这说明我国的对外贸易分布具有十分明显的国别集聚效应。虽然从总占比上看,以上12个国家和地区的占比略有下滑,2015年以后已从最早的91.24%下降到83%左右。但我国主要的出口贸易伙伴多年来没有发生根本性改变,只是在规模和量级上有所调整。同时,在我国主要的出口贸易伙伴中,真正处于"一带一路"沿线的国家和地区仅有印度、东盟、俄罗斯和中国香港(中国台湾暂未列入),其总占比在2016年也只有我国对外总出口份额的31.22%,这就意味着我国主要的出口目的地依然在非"一带一路"沿线国家和地区。

表3-5 2003~2016年中国主要出口贸易伙伴占总出口的份额　　　单位:%

年份	加拿大	美国	巴西	欧盟	澳大利亚	中国香港	日本	韩国	中国台湾	印度	东盟	俄罗斯	总占比
2003	1.29	21.10	0.49	20.12	1.43	17.41	13.56	4.59	2.05	0.76	7.06	1.38	91.24
2004	1.38	21.06	0.62	20.63	1.49	17.00	12.39	4.69	2.28	1.00	7.23	1.53	91.30
2005	1.53	21.38	0.63	21.74	1.45	16.34	11.02	4.61	2.17	1.17	7.28	1.73	91.05
2006	1.60	21.00	0.76	22.23	1.41	16.03	9.46	4.59	2.14	1.50	7.36	1.63	89.71
2007	1.59	19.11	0.93	23.64	1.48	15.15	8.38	4.61	1.93	1.97	7.74	2.34	88.87
2008	1.52	17.64	1.31	24.00	1.55	13.33	8.12	5.17	1.81	2.21	7.98	2.31	86.95
2009	1.47	18.38	1.17	22.02	1.72	13.83	8.14	4.47	1.71	2.47	8.85	1.46	86.69
2010	1.41	17.96	1.55	22.51	1.73	13.84	7.67	4.36	1.88	2.59	8.77	1.88	86.15
2011	1.33	17.09	1.68	21.79	1.79	14.12	7.81	4.37	1.85	2.66	8.96	2.05	85.50
2012	1.37	17.17	1.63	19.35	1.84	15.79	7.40	4.28	1.80	2.33	9.98	2.15	85.09
2013	1.32	16.68	1.62	18.37	1.70	17.41	6.80	4.13	1.84	2.19	11.05	2.24	85.35
2014	1.28	16.91	1.49	18.73	1.67	15.50	6.38	4.28	1.98	2.31	11.61	1.29	84.43
2015	1.29	18.00	1.21	17.74	1.77	14.54	5.97	4.46	1.97	2.56	12.27	1.53	83.31
2016	1.33	18.53	1.06	16.35	1.81	14.00	6.17	4.56	1.96	2.83	12.59	1.80	82.99

资料来源:2003~2015年数据来源于国家统计局,2016年数据来源于CEIC月度数据库,由笔者自行加总计算后求得。

由图3-5可以更直观地看到,欧盟多年来都是中国出口的第一大贸易伙伴,直到2015年被美国取代。如果从国家(地区)层面进行划分,欧盟和美国应是我国最主要的两个出口目的地,其次是中国香港。在2003年前后,中国对日本的出口仅低于中国香港，排名较为靠前。但 2007 年以后，对日本的出口呈现下滑趋势，其第三大出口目的国地位被东盟所取代。日本与韩国在中国出口中的份额已处于"第四梯队"。可见，我国的主要贸易伙伴多年来依然是美国、欧盟、日本等少数发达国家（地区）和非沿线地区。虽然在总量上我国对亚洲的出口呈现快速增长势头，但在出口对象上具有相对集聚的效应和趋势，出口的分布十分不均衡。

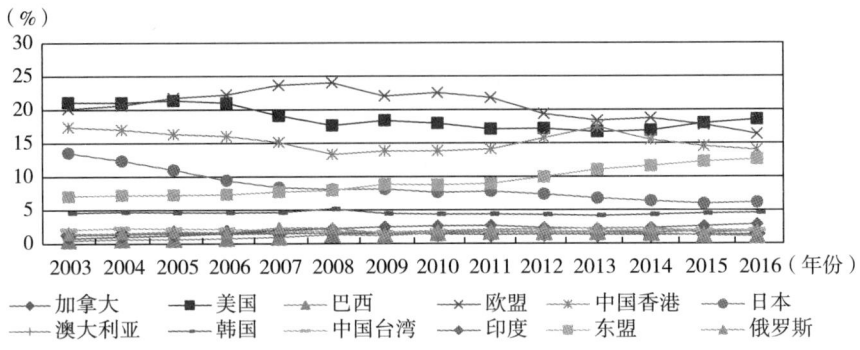

图 3-5　2003~2016 年中国对主要贸易伙伴出口占总出口的比重变化趋势

资料来源：2003~2015 年数据来源于国家统计局，2016 年数据来源于 CEIC 月度数据库，由笔者自行加总计算后求得。

从以上的分析我们可以得到一个较为直观的认识，即尽管日本紧邻中国，也是发达国家，但由于诸多非经济因素的干扰，并未出现所谓的"政冷经热"的现象。而相比东盟国家，从 2013 年以来，中国对其出口占比依然超过 10%。可见，随着"一带一路"倡议的深入推进，可以预测中国与东盟的经贸合作还将进一步扩大，中国对东盟的出口占比还有进一步提升的空间。

第三节　中国与"一带一路"沿线国家的经贸合作

2013 年，习近平总书记提出共建"一带一路"倡议，2017 年党的十九大会议上通过的《中国共产党章程（修正案）》的决议中，将推进"一带一路"建设正式写入党章。这充分显示了中国在中共十九大之后必将更加重视"一带一路"

倡议的国际影响，更加坚定加强"一带一路"国际合作的决心。在党的十九大报告中，习近平总书记一再强调在推动形成全面开放新格局中，要以"一带一路"建设为重点，施行高水平的投资自由化和贸易便利化政策。

一、"一带一路"沿线经贸合作总体格局

2015年3月中国政府在《愿景与行动》中明确提出，"一带一路"相关的国家不拘泥于古代丝绸之路的范围，各国和国际及地区组织均可参加，让共建成果惠及更广泛的区域。但本书出于指标的获取和数据的可采性等因素，参照《"一带一路"大数据报告（2016）》、历年《中国对外直接投资统计公报》以及2017年5月"一带一路"国际合作高峰论坛的参会国家等，最终确定了67个国家和地区作为本书的"一带一路"沿线国家子样本。全部样本考虑到对外投资目的国与对外贸易国存在不完全匹配的因素，排除了只有贸易或只有投资的国家及地区，最终选取了168个与中国同时存在双边投资和双边贸易的国家和地区作为总样本，在下文中进行实证研究。

本节主要就中国与上述各国和地区的经贸合作程度、国别基本情况等方面做了梳理。其中，收入水平数据来源于世界银行数据库2015年的测算评估结果，如表3-6所示，只有阿富汗和尼泊尔2个国家目前还处于低收入国家行列，中低收入国家有22个，中高收入国家有19个，高收入国家有24个，共计67个"一带一路"沿线国家。本书认为，之所以要在"一带一路"沿线国家的基础上再加入"一带一路"国际合作高峰论坛参会国家，一方面是考虑到"一带一路"高峰论坛不仅规格高，基本都是元首或总理参加，也是中国首次以"一带一路"建设为主题举行的最高规模的国际会议，是继中国成功举办G20杭州峰会后，就如何构建人类命运共同体做出的又一重大努力和贡献。对于进一步推动"一带一路"建设，扩大合作伙伴，打造更有活力、更加包容的全球化进程具有十分重要的意义。另一方面也说明了参会国家对"一带一路"倡议的高度认可与支持，因而必将对两国下一步深入推进双边经贸合作有直接影响。通过梳理笔者发现，参会的30个国家中有7个国家此前并不在"一带一路"沿线国家的名单中，比如南美洲的智利、非洲的肯尼亚、大洋洲的斐济等。说明对方认可"一带一路"倡议，有意愿与中方一道加强合作，共同推动合作和交流，因而本书也将其纳入沿线子样本中。

表3-6 2016年中国与"一带一路"沿线国家及"一带一路"国际高峰论坛参会国家和地区经贸合作基本情况

国家（地区）	中国进出口占比（%）	中国投资占比（%）	GDP（亿美元）	收入水平	地理区域	"一带一路"国际高峰论坛是否参会	是否为"一带一路"沿线国家（地区）
阿富汗	8.09	17.66	194.69	低收入	西亚	否	是
巴林	4.57	11.88	318.59	高收入	西亚	否	是
孟加拉国	14.15	1.00	2214.15	中低收入	南亚	否	是
柬埔寨	18.64	30.29	200.17	中低收入	东南亚	是	是
东帝汶	8.10	869.91	166.00	中低收入	东南亚	否	否
中国香港	49.81	97.54	3209.10	高收入	东亚	否	否
印度	11.43	-14.91	22635.23	中低收入	南亚	否	是
印度尼西亚	17.34	37.76	9322.59	中低收入	东南亚	是	是
伊朗	26.53	11.32	3767.55	中高收入	西亚	否	是
伊拉克	18.84	115.91	1714.89	中高收入	西亚	否	是
以色列	8.65	31.75	3187.44	高收入	西亚	否	否
约旦	10.61	0.45	386.55	中低收入	西亚	否	是
哈萨克斯坦	14.87	1.91	1336.57	中高收入	中亚	是	是
吉尔吉斯斯坦	29.52	35.86	65.51	中低收入	中亚	是	是
科威特	13.99	12.55	1488.50	高收入	西亚	否	是
老挝	29.37	66.01	159.03	中低收入	东南亚	是	是
黎巴嫩	9.61	0.00	475.37	中高收入	西亚	否	是
马来西亚	16.25	10.38	2963.59	中高收入	东南亚	是	是
蒙古	63.49	-1.96	111.60	中低收入	东亚	是	是
缅甸	30.44	11.03	674.30	中低收入	东南亚	是	是
尼泊尔	9.80	-42.34	211.44	低收入	南亚	否	是
阿曼	24.48	-80.38	662.93	高收入	西亚	否	是
巴基斯坦	19.47	311.18	2836.60	中低收入	南亚	是	是
菲律宾	15.55	0.10	3049.05	中低收入	东南亚	是	是
卡塔尔	8.25	74.39	1524.69	高收入	西亚	否	是
沙特阿拉伯	14.63	2.32	6464.38	高收入	西亚	否	是
新加坡	13.50	2.37	2969.66	高收入	东南亚	否	是

续表

国家（地区）	中国进出口占比（%）	中国投资占比（%）	GDP（亿美元）	收入水平	地理区域	"一带一路"国际高峰论坛是否参会	是否为"一带一路"沿线国家（地区）
斯里兰卡	14.93	-4.85	813.22	中低收入	南亚	是	是
叙利亚	10.85	0.00	264.25	中低收入	西亚	否	是
塔吉克斯坦	24.52	74.95	69.52	中低收入	中亚	否	是
泰国	16.27	63.90	4068.40	中高收入	东南亚	否	是
土库曼斯坦	35.52	2.57	361.80	中高收入	中亚	否	是
土耳其	8.13	-2.17	8577.49	中高收入	西亚	是	是
阿拉伯联合酋长国	8.76	2.81	3487.43	高收入	西亚	否	是
乌兹别克斯坦	15.16	264.16	672.20	中低收入	中亚	是	是
越南	20.51	12.78	2026.16	中低收入	东南亚	是	是
也门	17.88	0.00	273.18	中低收入	西亚	否	是
阿尔巴尼亚	7.63	0.03	119.27	中高收入	中东欧	否	是
亚美尼亚	9.01	0.00	105.47	中低收入	中东欧	否	是
阿塞拜疆	2.66	-0.78	378.48	中高收入	中东欧	否	是
白俄罗斯	4.91	1.77	474.33	中高收入	中东欧	是	是
保加利亚	3.09	-5.49	523.95	中高收入	中东欧	否	是
克罗地亚	2.06	0.01	504.25	中高收入	中东欧	否	是
捷克	6.53	0.05	1929.25	高收入	中东欧	是	是
爱沙尼亚	3.88	0.00	231.37	高收入	中东欧	否	是
格鲁吉亚	7.67	0.99	143.33	中低收入	中东欧	否	是
匈牙利	3.65	2.85	1243.43	高收入	中东欧	是	是
拉脱维亚	2.29	0.00	276.77	高收入	中东欧	否	是
立陶宛	1.75	0.74	427.39	高收入	中东欧	否	是
马其顿	7.06	0.00	1302.56	中高收入	中东欧	否	是
马耳他	7.16	6.32	109.49	高收入	中东欧	否	是
波兰	6.59	-0.22	4695.09	高收入	中东欧	是	是
罗马尼亚	3.26	0.50	1866.91	中高收入	中东欧	否	是
俄罗斯	13.84	-3.15	12831.62	中高收入	中东欧	是	是
塞尔维亚	4.78	1.43	377.45	中高收入	中东欧	是	是

续表

国家（地区）	中国进出口占比（%）	中国投资占比（%）	GDP（亿美元）	收入水平	地理区域	"一带一路"国际高峰论坛是否参会	是否为"一带一路"沿线国家（地区）
黑山	8.58	1.81	41.73	中高收入	中东欧	否	是
斯洛伐克	4.98	-1.27	895.52	高收入	中东欧	否	是
斯洛文尼亚	3.11	2.03	439.91	高收入	中东欧	否	是
塞浦路斯	3.63	0.11	198.02	高收入	中东欧	否	是
乌克兰	8.54	-0.06	932.70	中低收入	中东欧	否	是
意大利	4.90	2.25	18499.70	高收入	中东欧	是	否
希腊	4.72	-2.33	1945.59	高收入	中东欧	是	否
瑞士	6.95	0.16	6598.27	高收入	中东欧	是	否
肯尼亚	17.87	0.93	705.29	中低收入	非洲	是	否
智利	26.30	1.63	2470.24	高收入	南美	是	否
斐济	11.21	18.77	46.32	中高收入	大洋洲	是	否
西班牙	5.47	0.41	12320.88	高收入	西欧	是	否

注：①中国对一国的进出口占比 =（中国对该国的进口 + 出口）/（该国当年的总出口 + 总进口）× 100%；中国对一国的投资占比 =（中国对该国的直接投资额）/该国当年的总外资流入额 × 100%；收入水平是根据世界银行2015年对世界各国人均收入（GNI）的一个评估，将人均年收入低于1024美元的国家和地区定义为低收入国家；将人均年收入为1025～4035美元的国家定义为中低收入国家；将人均年收入为4036～12476美元的国家定义为中高收入国家；将人均年收入高于12476美元的国家定义为高收入国家。②文莱、巴勒斯坦、波黑、马尔代夫、不丹等国家和地区由于数据缺失没有统计。③中国香港、中国澳门、中国台湾由于同属中国本不应计入，但考虑到中国香港所占份额较大故而单列出来，一并进入了统计和计算；本节将特别说明，为便于对比分析一般不包括中国在内的沿线国家。

资料来源：贸易数据及对外投资数据来源于 UNCTAD 数据库；收入水平划分来源于世界银行数据库；是否参加论坛国家名单来源于"一带一路"国际合作高峰论坛网站。

根据笔者的测算，如果不考虑中国，以上国家和地区的GDP总和占全球经济总量的22.37%左右，如果加上中国则达到37.17%。"一带一路"沿线基本上覆盖了亚洲和欧洲的中东部。但同时我们也注意到，以上国家和地区发展十分不平衡，高收入国家（其中还包括了目前不在沿线国家中的瑞士、智利、意大利、西班牙）仅占35.8%，绝大部分国家和地区还处于中等收入阶段。此外，地域跨度也十分广阔，除了北美洲，其他各大洲基本都有国家或地区加入。这就为"一带一路"搭建了一个广泛的合作平台。

我们从中国对沿线各国的经贸占比上大体可以看出，合作程度的不均衡也十分明显。无论是双边贸易还是对其进行直接投资，中国目前的主要"核心区"还是周边的东南亚和中亚地区。而对于欧洲和西亚等地区，由于地缘政治、文化差异、政局动荡等多种因素的共同影响，双边经贸合作度还不高，双方合作空间还很大。在2016年，还出现了中国从个别国家撤资或是减少投资的情况，比如也门。从数据上看，当年也门各国资金流入为-546亿美元，中国为-470亿美元，可以说各国都在撤资，出现这种情况的原因是该国发生了内战。同时，从数据的变化上也可以推断出，该国的营商环境正逐步恶化，因而不利于经贸发展。所以，无论我国是对外贸易还是对外直接投资都要考虑风险因素，既要考虑中国与沿线东道国双边高层的政治互信与合作程度的深化，又要考虑东道国自身政局的稳定、法治环境的健全程度、营商环境等诸多方面。在下文的定量分析中，笔者对东道国自身内部环境指标也做了进一步的考察。根据跨国投资既成结论，如果一国的国内政局稳定、制度正规、法制健全，那么外国企业则应倾向于进入该市场。换句话说，虽然一国的社会环境和营商经营环境都属于宏观层面范畴，对企业的作用是间接的，但依然会对外国企业进入该市场的成本和经营风险产生重大影响（Peng et al，2008）。

二、中国对"一带一路"沿线国家直接投资的分布态势

《2016年度中国对外直接投资统计公报》显示，2015年中国企业对"一带一路"沿线国家中的50个国家和地区进行了投资，从流量上看，排名靠前的国家每年变化较大。本书认为，这是因为外来投资不太可能对一国的项目投入年年追加，存在投资的周期性波动。比如不太可能对一个工程每年追加投资，更不可能在一个国家和地区不断地重复投资。如果仅从流量上分析，尚不能较准确地把握中国对该国家的投资力度，投资流量不稳定性比较明显。但如果从投资存量上分析，由于有一个金额的积累过程，故而能够较为准确地把握中国对该国家投资强度的整体变化和规模，更能反映两国间投资的力度。因此，从投资存量上对国

家进行排序，位列前10的国家，除了阿拉伯联合酋长国在地理上相隔较远，处于西亚的海湾地区是重要的石油输出国，其余排名靠前的国家基本都是中国的近邻。

因此，结合前文的数据，中国对"一带一路"沿线国家对外直接投资的地域主要分布在亚洲的东南亚、中亚、俄罗斯等周边地区。其中，不论是投资流量还是存量，新加坡都位居沿线国家第一，分别占到"一带一路"沿线国家的55%和28%。其次是俄罗斯，在2016年中国对其投资12.93亿美元，占当年中国投资欧洲（2016年中国对欧洲共投资106.9亿美元，占当年全部对外投资流量的5.4%）的12.1%。其中，投资存量达到129.80亿美元，占转型经济体①投资存量的55.5%，占"一带一路"沿线国家投资存量的10.03%（见表3-7）。截至2016年，中国对新加坡和俄罗斯的投资不论是中国对其每年的投资流量还是投资存量均高于其他国家和地区，多年来中国对其投资地位在沿线国家中比较稳定。

表3-7 中国对"一带一路"沿线主要投资伙伴投资变化情况

单位：亿美元

国家	方式\年份	2003	2010	2011	2012	2013	2014	2015	2016
俄罗斯	FDI流量	0.31	5.68	7.16	7.85	10.22	6.34	29.60	12.93
	FDI存量	0.61	27.88	37.64	48.88	75.82	86.95	140.20	129.80
新加坡	FDI流量	—	11.19	32.69	15.19	20.33	28.14	104.52	31.72
	FDI存量	1.68	60.69	106.03	123.83	147.51	206.40	319.85	334.46
印度尼西亚	FDI流量	0.27	2.01	5.92	13.61	15.63	12.72	14.51	14.61
	FDI存量	0.54	11.50	16.88	30.98	46.57	67.94	81.25	95.46
哈萨克斯坦	FDI流量	0.03	0.36	5.82	29.96	8.11	-0.40	-25.10	4.88
	FDI存量	0.20	15.91	28.58	62.51	69.57	75.41	50.95	54.32
老挝	FDI流量	0.01	3.14	4.59	8.09	7.81	10.27	5.17	3.28
	FDI存量	0.09	8.46	12.76	19.28	27.71	44.91	48.42	55.00

---

① 转型经济体：东南欧、独联体和格鲁吉亚。东南欧包括：阿尔巴尼亚、波黑、塞尔维亚、黑山、马其顿。独联体包括：亚美尼亚、阿塞拜疆、白俄罗斯、吉尔吉斯斯坦、摩尔多瓦、俄罗斯、乌克兰、塔吉克斯坦、哈萨克斯坦、土库曼斯坦、乌兹别克斯坦。

续表

国家	方式\年份	2003	2010	2011	2012	2013	2014	2015	2016
阿拉伯联合酋长国	FDI 流量	0.09	3.49	3.15	1.05	2.95	7.05	12.69	2.85
	FDI 存量	0.31	7.64	11.75	13.37	15.15	23.33	46.03	48.88
缅甸	FDI 流量	0.02	8.76	2.18	7.49	4.75	3.43	3.32	2.88
	FDI 存量	0.10	19.47	21.82	30.94	35.70	39.26	42.59	46.20
巴基斯坦	FDI 流量	0.10	3.31	3.33	0.89	1.64	10.14	3.21	6.33
	FDI 存量	0.27	18.28	21.63	22.34	23.43	37.37	40.36	47.59
印度	FDI 流量	—	0.48	1.80	2.77	1.49	3.17	7.05	0.93
	FDI 存量	0.01	4.80	6.57	11.69	24.47	34.07	37.70	31.07
蒙古	FDI 流量	0.04	1.94	4.51	9.04	3.89	5.03	-0.23	0.79
	FDI 存量	0.13	14.36	18.87	29.54	33.54	37.62	37.60	38.39

资料来源：UNCTAD 数据库。由于图表限制，2004~2009 年数据暂未列出，需要的读者可向笔者索取。

由图 3-6 可知，中国对新加坡的投资远高于沿线其他国家，多年来中国对其投资的热度不减。特别是 2007 年以后，中国加大了对新加坡的投资力度，2013 年前后突破 20 亿美元大关。可见，新加坡在"一带一路"沿线国家中的地位十分凸显。对于俄罗斯，虽然从政治关系上，中国与其早已成为重要的战略协作伙伴关系，两国在国际多边事务中长期保持合作。但在经济合作中，中国对俄罗斯的投资波动性较大，2003 年以来中国对俄罗斯投资占比呈"M型"，2007 年之后出现下滑，直到 2015 年，才再次出现较大提升，但很快于 2016 年再次下滑。可以看到，中国对俄罗斯的投资热度持续性并不高，且存在较大的不确定性。本书认为，随着"一带一路"倡议的深入推进，中国对俄罗斯的投资热情是否会有所减退有待进一步研究。况且，中国的哪些行业比较合适俄罗斯也有待考察和分析。2007 年前后中国对外直接投资曾出现小高峰，比如对新加坡、俄罗斯、印度尼西亚、老挝、巴基斯坦和蒙古，这应该与次贷危机和"4 万亿"强刺激有关。美国、欧洲、日本等发达国家的经济不景气，故而中国对外的投资流向发生一定变化。在此之后的一段时期，中国对"一带一路"沿线国家的投资占比有的进入平稳期，比如哈萨克斯坦、阿拉伯联合酋长国、老挝、蒙古，有的出现较大幅度下滑。比如巴基斯坦、俄罗斯、印度尼西亚等,但中国并没有进一步加大对其投资的力度。2013年前后,以上国家的FDI存量再次出现较大变化,或是开启"下行通道",如印度、缅甸、哈萨克斯坦等;或是有较大波动,如俄罗斯和新加坡。

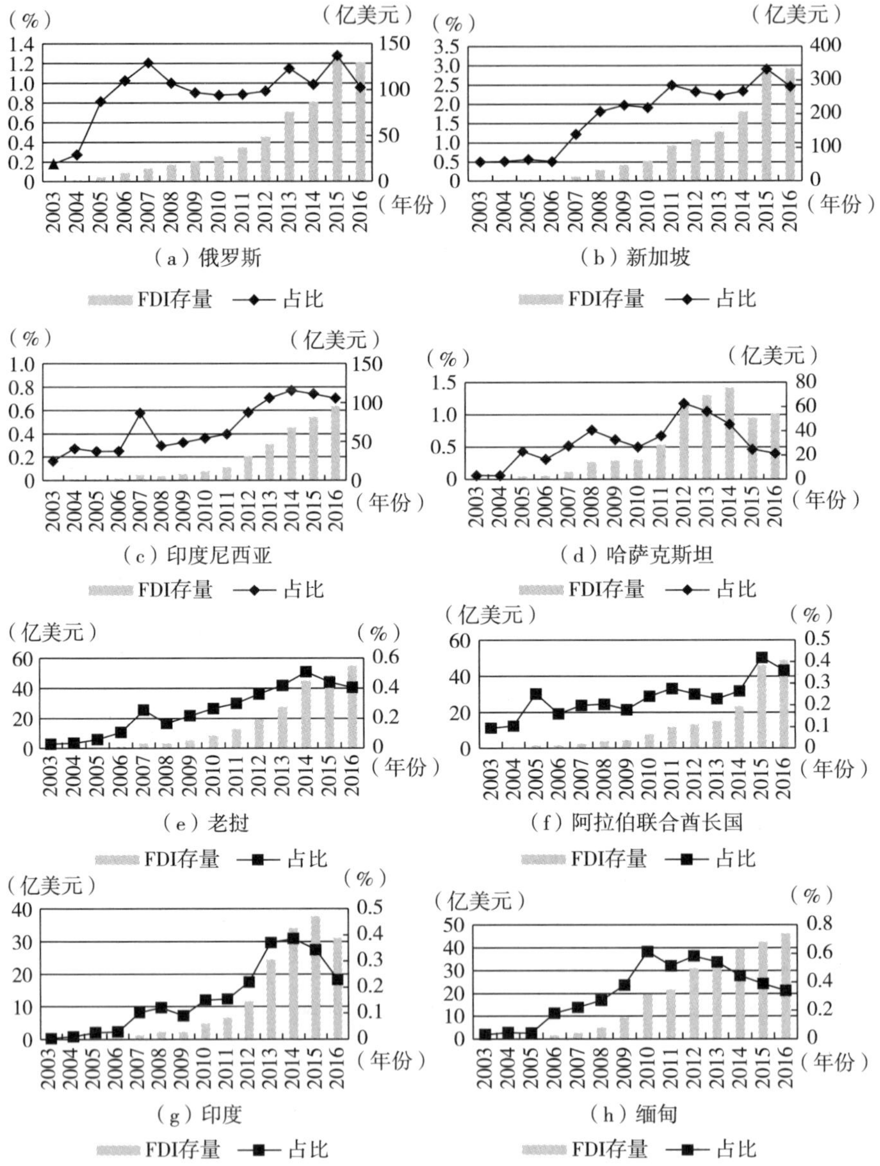

图3-6 2003~2016年中国对"一带一路"沿线主要伙伴投资及占比情况

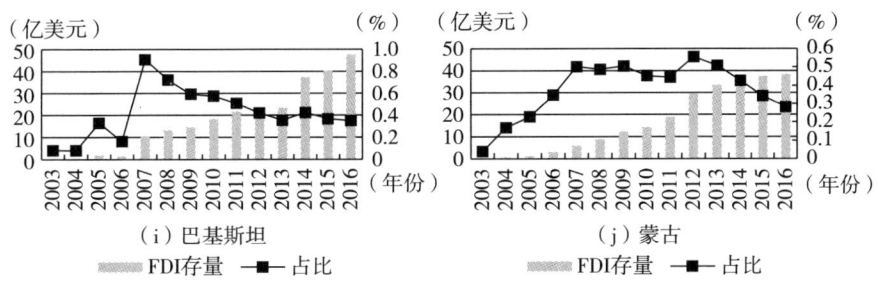

图 3-6　2003~2016 年中国对"一带一路"沿线主要伙伴投资及占比情况（续图）

注：占比是指对该国的 FDI 存量占中国对外总投资存量的百分比。

资料来源：2003~2016 年数据来源于国家统计局，2016 年数据来源于《2016 年度中国对外直接投资统计公报》。

2007 年前后出现的波动，可以说是受国际金融危机的影响，但 2013 年前后出现的较大波动，则是由于国际经济疲软、世界经济不景气、国内经济下行压力加大引起的，这一重大变化是非常值得研究和深入分析的。此时，对于国内而言，所涉及对外开放方面的重要议题就是"一带一路"倡议的提出和实施，"一带一路"倡议与中国对沿线国家的 FDI 所出现的变化上很可能有着一定的关联，这也有待我们进一步的研究。

从表 3-8 中我们可以看到，尽管中国对"一带一路"沿线主要贸易伙伴的投资存量占比为整个沿线国家的 70% 左右，但近年来下降幅度较大。这在一定程度上表明，随着"一带一路"倡议的推进，我国对沿线国家的投资分布更加趋于合理，投资领域更加多元。比如近年来，中国对印度尼西亚、老挝、阿拉伯联合酋长国的投资出现平稳向好发展态势，而对于哈萨克斯坦、印度等个别重要投资伙伴，特别是 2014 年、2015 年，投资流量出现负值，存量出现下降。投资存量的下降，原因可能是有些中资机构由于某种原因撤资，或是出现了转换股等较大逆转。当然，短时期内的投资下滑并不意味着两国间的经贸关系遇到障碍，也可能是中国企业对外投资上的阶段性调整，并不影响双边经贸发展大局。但同时，印度在贸易中对华进行反倾销调查、反补贴等，中资企业对印度的投资在经历了 2010 年前后的大幅度追加之后出现下滑。可见，沿线东道国对华政治外交等宏观背景，以及行业限制、质量监管、惩治腐败等营商环境等都是中国企业深入推进"一带一路"建设中所必须要评估的风险指标。

表 3-8　2014~2016 年中国周边沿线主要伙伴的
投资存量占比变化　　　　　　　单位:%

国家	2014 年	2015 年	2016 年
俄罗斯	9.40	12.59	10.03
新加坡	22.32	28.71	25.84
印度尼西亚	7.35	7.29	7.38
哈萨克斯坦	8.16	4.57	4.20
老挝	4.86	4.35	4.25
阿拉伯联合酋长国	2.52	4.13	3.78
缅甸	4.25	3.82	3.57
巴基斯坦	4.04	3.62	3.68
印度	3.69	3.38	2.40
蒙古	4.07	3.38	2.97
总计占比	70.66	75.84	68.10

注：这里的投资占比是指中国投资该国的存量金额占中国投资"一带一路"沿线国家的投资存量总额。

资料来源：联合国 UNCTAD 数据库，占比数据由笔者自行计算所得。

此外，如果东道国的经济发展主要依赖传统单一行业的出口支撑，比如矿产、石油等，那么在国际经济市场风云变幻的今天，也必然会对双边经贸产生波动和影响。本书注意到，2014 年由于国际油价暴跌，哈萨克斯坦经济遭受重创，为寻找新的经济增长极，哈方于 2014 年 11 月提出"光明之路"新经济政策。该政策的主要内容在于完善基础设施、推动经济特区发展及改善外商投资环境。该政策同"丝绸之路经济带"倡议高度契合（宋利芳，2016）。中国政府与哈萨克斯坦政府发表的联合公报表示，双方共同努力推动"丝绸之路经济带"倡议和"光明之路"新经济政策开展对接合作，共同推进新亚欧大陆桥经济走廊建设，双方将尽快成立"丝绸之路经济带"建设与"光明之路"新经济政策对接联合工作组，尽快进行对接合作规划联合编制等相关工作。① 因此，在 2014 年前后出

---

① 参见：《中华人民共和国政府和哈萨克斯坦共和国政府联合公报（全文）》。

现的短暂的中方投资的减退,不是由于东道国政局或是社会环境发生了较大变局,而是由于国际市场原油价格的波动造成东道国经济的短暂困难。因此,一国是否是资源型经济体对于双边经贸发展也具有一定的影响。

三、中国对沿线国家进出口贸易分布态势

随着我国对外贸易的深入推进,分布趋势也更加多元化。《2016年度中国对外贸易形势报告》显示,2016年中国对"一带一路"沿线部分国家出口实现了较快增长,但对东盟出口下滑了1.9%。从表3-9中我们还可以进一步看到,部分东盟国家多年来也一直是我国对外贸易中的主要伙伴,个别年份出现贸易量的波动也属正常,并不影响基本面。

表3-9 2003~2016年中国对"一带一路"沿线及参会国家和地区出口及占比情况

单位:%

年份 排名	2003	2010	2011	2012	2013	2014	2015	2016
1	新加坡 (5.32)	印度 (6.40)	印度 (7.18)	印度 (6.35)	印度 (5.96)	印度 (6.22)	印度 (6.81)	印度 (6.80)
2	意大利 (5.19)	意大利 (5.64)	俄罗斯 (5.59)	俄罗斯 (5.50)	俄罗斯 (5.52)	俄罗斯 (5.40)	越南 (5.32)	越南 (5.17)
3	西班牙 (3.64)	俄罗斯 (3.88)	意大利 (5.15)	新加坡 (4.62)	新加坡 (4.81)	新加坡 (4.62)	新加坡 (4.53)	泰国 (4.70)
4	马来西亚 (3.50)	新加坡 (4.98)	新加坡 (4.75)	泰国 (4.36)	泰国 (4.15)	越南 (4.54)	泰国 (4.40)	新加坡 (4.45)
5	白俄罗斯 (2.98)	西班牙 (3.70)	泰国 (3.83)	意大利 (3.79)	越南 (4.06)	阿拉伯联合酋长国 (4.13)	俄罗斯 (3.77)	俄罗斯 (4.21)
6	泰国 (2.92)	泰国 (3.58)	印度尼西亚 (3.43)	印度尼西亚 (3.68)	马来西亚 (3.71)	泰国 (4.02)	阿拉伯联合酋长国 (3.60)	马来西亚 (3.50)
7	俄罗斯 (2.67)	阿拉伯联合酋长国 (3.21)	西班牙 (3.25)	马来西亚 (3.51)	印度尼西亚 (3.59)	马来西亚 (3.67)	马来西亚 (3.58)	印度尼西亚 (3.50)

续表

年份\排名	2003	2010	2011	2012	2013	2014	2015	2016
8	阿拉伯联合酋长国(2.33)	印度尼西亚(3.07)	阿拉伯联合酋长国(3.13)	越南(3.43)	阿拉伯联合酋长国(3.54)	印度尼西亚(3.53)	意大利(3.37)	阿拉伯联合酋长国(3.35)
9	印度(2.18)	马来西亚(3.06)	越南(3.11)	阿拉伯联合酋长国(3.38)	意大利(3.37)	意大利(3.46)	印度尼西亚(3.36)	意大利(3.33)
占比	30.75	38.63	39.42	38.62	38.71	39.59	38.74	39.01

注：括号内为当年中国对其出口占"一带一路"子样本国家总出口的比重，占比表示当年中国对其出口排名前十位的国家或地区占"一带一路"沿线子样本总出口的比重（下同）。

资料来源：UNCTAD 数据库，计算结果由笔者自行计算所得。

在中国的主要出口伙伴中，意大利、西班牙等发达国家多年来也是我国对外出口的主要目的国。虽然近些年，比如意大利的占比有所下滑，但这并不意味着对该国的出口市场出现根本逆转。从排名靠前的十大出口贸易伙伴占子样本的比重可以看出，我国的对外出口日趋多元化。特别是2013年以来，子样本中的前十大贸易伙伴占比下降较为明显，本书认为这可能与我国实施"一带一路"倡议存在一定关系。但从基本面上看，部分东盟国家、俄罗斯、印度等中国出口贸易的主要目的国的现状没有发生根本变化。另外，阿拉伯联合酋长国作为西亚海湾地区重要的能源输出国，也正在成为我国出口的重要目的国。从表3-10可以看出，东道国的资源禀赋、市场规模、社会经济的购买力等基本要素对双边贸易的繁荣程度有着不可忽视的重要作用。因而在下文的实证中，我们也需要将其纳入考核指标。

表3-10 2003~2016年中国对"一带一路"子样本国家和地区进口伙伴及占比情况   单位：%

年份\排名	2003	2010	2011	2012	2013	2014	2015	2016
1	新加坡(5.99)	新加坡(6.94)	沙特阿拉伯(6.98)	沙特阿拉伯(7.14)	沙特阿拉伯(6.29)	新加坡(6.61)	新加坡(7.08)	新加坡(6.42)

第三章　中国对外经贸合作的新变化

续表

年份 排名	2003	2010	2011	2012	2013	2014	2015	2016
2	俄罗斯 (4.89)	沙特阿拉伯 (6.01)	新加坡 (6.28)	新加坡 (6.05)	新加坡 (6.05)	沙特阿拉伯 (5.66)	俄罗斯 (4.20)	瑞士 (4.14)
3	马来西亚 (4.02)	马来西亚 (4.79)	俄罗斯 (5.10)	俄罗斯 (4.93)	俄罗斯 (4.46)	俄罗斯 (4.80)	沙特阿拉伯 (4.17)	俄罗斯 (3.98)
4	泰国 (3.37)	泰国 (4.10)	伊朗 (4.45)	马来西亚 (3.96)	马来西亚 (3.85)	伊朗 (3.66)	马来西亚 (3.87)	越南 (3.80)
5	沙特阿拉伯 (2.93)	俄罗斯 (3.78)	马来西亚 (4.39)	泰国 (3.71)	泰国 (3.41)	马来西亚 (3.62)	泰国 (3.46)	马来西亚 (3.60)
6	意大利 (2.54)	伊朗 (3.61)	泰国 (4.03)	伊朗 (3.48)	伊朗 (3.15)	泰国 (3.22)	瑞士 (3.01)	泰国 (3.56)
7	印度尼西亚 (2.25)	印度 (3.33)	印度尼西亚 (3.37)	印度尼西亚 (2.99)	印度尼西亚 (2.83)	阿曼 (2.96)	伊朗 (2.80)	沙特阿拉伯 (3.48)
8	伊朗 (2.03)	智利 (3.31)	智利 (2.74)	智利 (2.50)	瑞士 (2.63)	伊拉克 (2.61)	伊拉克 (2.80)	伊朗 (3.12)
9	保加利亚 (1.52)	印度尼西亚 (3.00)	印度 (2.46)	阿曼 (2.31)	阿曼 (2.40)	阿拉伯联合 酋长国 (2.56)	智利 (2.47)	智利 (2.59)
占比	29.54	38.87	39.8	37.07	35.07	35.7	33.86	34.69

资料来源：UNCTAD 数据库，计算结果由笔者自行计算所得。

第四节　本章小结

本章主要考察了两个方面的主要内容：一是中国对外经贸发展的总体现状，分别从中国对外直接投资、对外出口贸易两个方面就"一带一路"倡议提出后，中国与"一带一路"沿线国家与非沿线国家的合作情况进行了对比分析。二是整理了"一带一路"沿线国家和部分"一带一路"高峰论坛参会国家的子样本数据,并梳理了该子样本与我国经贸合作的总体情况。

通过梳理我们已经较为清楚地了解到,"一带一路"沿线大部分国家经济社会发展水平还不高,各国发展极不平衡,中国主要的对外经贸伙伴还主要集中在中国周边的东南亚、中亚等地。近年来,我国在对沿线国家开展出口和对外直接投资的合作上存在三个主要特征:一是两种方式各自存在主要伙伴国家相对集中的特点;二是两种对外路径下所选择的主要伙伴国家存在趋同性;三是主要伙伴的占比份额都出现了不同程度的下降,我国对外经贸合作的分布呈更加多元化而不是更加集中化的态势。

第四章　理论推导与研究假设

通过前文定性分析，本书认为，2003~2012年可以看作"一带一路"倡议的准备期或发展期，而2013~2017年则可以看作"一带一路"倡议出台后的起始阶段。Roache（2012）曾指出，中国在国际商品市场上已经变得越发重要，并对世界商品贸易与商品价格产生了重要影响。特别是，中国已经成为全球基础金属和农业原始材料的最大进口国。尽管中国经济实力发展迅速，但节奏依然是渐进式的。因此，"一带一路"倡议是我国在已经进行了长时期的经济准备和发展后，基于我国的现实国情，面向世界提出来的以互利共赢为目标的合作方略。但由于"一带一路"倡议提出的时间还不长，由此带来的效应还需要持续地观察与探索，分阶段深入挖掘其中蕴含的经济规律和发展趋势。

基于第二章对既有企业国际化理论的梳理分析和讨论，发现不同理论间在衡量优质企业的要素上存在一定的契合点。特别是，用生产率衡量企业开展对外经贸合作的门槛值存在较为明显的不足。本章主要从生产率可替代性的理论层面进行证明、阐述和分析，并进一步结合"一带一路"倡议对企业走出去可能产生的作用，提出本书的可能性假设及推论。

第一节　引言

尽管"一带一路"倡议已开始实施，但郑蕾和刘志高（2015）认为，当前中国企业在开展对外业务方面仍处于初级摸索阶段，既缺乏宏观层面战略的指导和规划,又缺乏微观层面对沿线国家深入系统的研究。同时,各级政府之间甚至相关部门之间对各自职责的划分和权责方面常常认识不到位,对外援助、项目承包、工程建设,支持和促进企业开展对外业务的全盘分析与风险的系统性考量还不专业,政府在企业"走出去"过程中所扮演的作用和角色也并不明晰。而就学术研究而言,也处于前期探索阶段。比如,如何理顺政府与市场的关系,有学者就认为,关键是让市场供求力量在价格形成和资源配置方面发挥决定性作用。进一步地,将这一逻辑拓展到"一带一路"建设中,就是中国政府不能替沿线国家大包大揽,避免成为"沿线国家的发改委加财政部",要让中国与沿线国家的土地、劳动力、资源、资本等要素在市场机制下自发地实现供需均衡,只有减少带有政治色彩的政府干预,"一带一路"建设才有助于化解沿线国家对我国开展合作的猜疑。但在"一带一路"建设的起始阶段,国企战略型投资需要为后续的民企收益型投资奠定基础,进而在中期再来实现国家(国企)对外战略型投资和民间(民企)对外收益型投资的有机结合(李晓和李俊久,2015)。

因此,在当前"一带一路"建设取得丰硕成果的关键节点上,如何利用好"一带一路"这个重要的合作平台,抓住当下供需双方迫切的合作需求,实现我国产业跨越式发展和升级,也是我们在未来需要着重研究的课题。事实上,早在20世纪60年代,Carson就指出,跨国公司开展对外业务的主要困难在于,企业对东道国各种信息渠道获取往往是不够的,企业自身对东道国行业的营商环境、外部制度等打交道的必要技能和经验都不十分了解,因此企业在前期就需要拿出一部分资金作为可能的沉没成本。笔者认为,早期西方跨国企业在国际化过程所遇到的各种困难,中国企业同样也会遇到,并且还将更加复杂和难以应对。毕竟西方国家对外拓展起步早,所面对的主要是东道国国内市场,而当我国企业再进入当地开展经营,除了要面对东道国当地同行企业和市场,还将面对发达国家同行企业,故而面对的是来自两方面的竞争。况且一些东道国的重要行业和领域也早已被先期进入的发达国家同行企业和当地的寡头企业所垄断与瓜分,市场面临饱和,而要寄希望于东道国从制度上进行根本性变革,可能性往往极小。因此,中国企业与东道国的经贸合作存在较大阻力,在开展国际化的道路上,相比过去先期进入该市场的发达国家同行而言,障碍也更多。

第二节　理论模型的推导和分析

早在20世纪90年代，西方学者就已经对国际贸易与单个微观企业间的关系进行过考察。Bernard 和 Jensen（1995）就把国际贸易与单一的微观企业联系起来，对于诸如美国、西班牙、法国、德国、墨西哥、加拿大、中国台湾等国家和地区的实证研究均表明：在同行业内部，其实都只有很小的一部分企业能参与到出口的业务中去，而进一步将其与同行业中的其他非出口企业相比较，发现这些较少比例的带有出口业务的企业，不论从企业的规模上还是效率上都处于行业领先地位。Bernard 和 Jensen（1999）进一步发现，在市场内部的行业层面，资源进行重新配置往往倾向于更有效率的出口企业，这些企业大约占到了美国制造业总数的20%。可见，出口企业应该是行业中的优质企业，或者说是最具有实力和竞争力的企业。

一个不容否认的事实是，之所以根据企业的生产率对企业进行异质性划分，也是基于西方学者既有的文献，如 Melitz（2003）认为，出口企业的生产率高于没有出口的企业，在开展出口与进行对外直接投资上也采用了同样的逻辑体系进行了推导和证明。同时在学术界，各国根据该理论进行实证分析后也在很大范围内得到了较为一致的结论（李春顶，2009），故而具有一定的普遍意义。但与此同时，也有学者例如 Bernard 和 Jensen（2001）以及 Bernard 和 Wagner（2001）的研究结论表明，企业出口市场的沉没成本才是关乎企业是否进行出口行为最为关键的因素，并且该项成本可以对参与出口的企业产生十分巨大的滞后效应。具体到出口与对外直接投资这两种不同方式的选择上，企业具体以何种要素或指标衡量能否开展对外业务也并不统一。因此，为了更好地理解认识和深入分析企业怎样才能开展出口或对外直接投资业务，具体又可能以怎样的方式进行，本书需要对既有的一般化理论进行深入推导与阐述，进而分析其中的机理和逻辑，才能更好地厘清其中的逻辑方式。进而才能更为贴切地与我国"一带一路"倡议的实施效果相结合，从而为下一阶段我国企业开展对外经贸合作提供必要的理论支持和重要参考。就目前涉及企业国际化的诸多理论来看，以 Melitz（2003）为代表的新新贸易理论由于提出时间较新,认可程度也较高,因而相比其他理论更有借鉴意义。因此,本节主要依据 Melitz(2003)和 Helpman 等(2004)等的文献为主要参考依据,通过对 Melitz(2003)经典模型中企业生产率与利润之间存在的逻辑关系作深入的推导和分析,并将其拓展到出口和对外直接投资层面,来更好地认识和分析本书第二章涉及相关理论相互融合和借鉴的问题;除了生产率之外是否还有其他可替代企业间差异的要素,该要素是否可用于衡量企业能否开展国际化的门槛值作用,在理论上应给出解释。事实上,由于并没有现成的微观企业生产率数据,即使获取到大量微观企业的数据,在如何测算每年几十万家企业,且在包含上百个不同指标的选取上,也存在非常烦琐的诸如数据的筛选、匹配、加工、合并以及具体测算方法的选用等问题。同时,由于数据指标选取不同、数据年份不一致、采用的方法各异,必然造成结论的五花八门等各种弊端。

当前国内可用于测算企业生产率的核心数据库为《中国工业企业数据库》,该数据库的优点在于样本量十分庞大,指标很多,年度跨度也长。但其美中不足的是,有些数据较为陈旧,无法解释"一带一路"倡议提出以来的诸多企业开展对外业务的问题,而且该数据库的使用也十分不方便,许多数据指标并不符合学术规范,甚至出现企业代码混乱、样本匹配错误、指标缺失丢失等诸多无法弥补的问题。许多指标在跨年度使用时,还出现指标排列不一致、名称乱用等问题。而这一系列问题都给我们开展大数据跨年度的各类测算带来非常大的困难。聂辉华等(2012)指出,如果忽视该数据库中的一些重大不足和缺漏而贸然使用,必然导致研究结论的错误。因此,寻找生产率的替代变量来作为衡量企业开展国际化的门槛值。就变得非常必要了。根据本书的研究需要,还需要进一步结合"一带一路"倡议提出后,可能带来的实际效应来加以改进假设,通过较为系统的分析和逻辑推理,从而提出本书的研究假设。

一、需求——效用函数

从消费者视角出发,重点考察基于 CES 效用函数的消费者的偏好。从需求侧出发,效用函数则为:

$$\begin{cases} U = \left(\int_i q_i^{\rho} di \right)^{\frac{1}{\rho}} \\ \int_i p_i q_i di = R \end{cases} \quad (4-1)$$

第四章 理论推导与研究假设

其中，R 为所有商品加总后的总收入，i 为可获得的某种商品，其替代弹性 $\sigma = \dfrac{1}{1-\rho} > 1$；则 $\rho = \dfrac{\sigma-1}{\sigma}$，$\rho \in (0,1)$；$\sigma \in (1,\infty)$。对式（4-1）中的 q_i 求一阶偏导，可以得到式（4-2）：

$$(q_i)^{\rho-1} \times \left(\int_i q_i^\rho di\right)^{\frac{1-\rho}{\rho}} = \lambda P_i \tag{4-2}$$

将 σ 与 ρ 转换，重写式（4-2），可以得到：

$$(q_i)^{-\frac{1}{\sigma}} \times \left(\int_i q_i^\rho di\right)^{\frac{1}{\sigma-1}} = \lambda P_i \tag{4-3}$$

对式（4-3）变形，等式左边 $\times q_i$，可以得到式（4-4）：

$$p_i \times q_i = \left(\int_i q_i^\rho di\right)^{\frac{\sigma}{\sigma-1}} \times \lambda^{-\sigma} \times p_i^{1-\sigma} \tag{4-4}$$

将商品 i 的总收入基本公式 $R_i = p_i \times q_i$ 代入式（4-4），并对其加总 $\sum R_i = R$ 得：

$$R = \left(\int_i q_i^\rho di\right)^{\frac{\sigma}{\sigma-1}} \times \lambda^{-\sigma} \times \int_i p_i^{1-\sigma} di \tag{4-5}$$

对式（4-3）变形，可以得到：

$$q_i^{-1} = \left(\int_i q_i^\rho\right)^{\frac{\sigma}{\sigma-1}} = \lambda^\sigma \times p_i^\sigma \tag{4-6}$$

根据 Dixit 和 Stiglitz（1977）的理论，消费者行为能够通过一系列商品的消费，如总的商品 $Q \equiv U$ 与相联系的总价格来构建模型，因此我们定义价格指数：

$$P \equiv \left(\int_i P_i^{1-\sigma}\right)^{\frac{1}{1-\sigma}} \tag{4-7}$$

则，将式（4-5）代入式（4-6），可以得到：

$$q_i^{-1} \times \frac{R}{p^{1-\sigma}} = p_i^\sigma \tag{4-8}$$

将式（4-8）稍加整理，得到：

$$q_i = \frac{R}{P} \times \left(\frac{p_i}{p}\right)^{-\sigma} \tag{4-9}$$

式（4-9）即为所求出的每种消费品 i 的需求函数，它与商品的价格 P 成反比，与总收入 R 成正比；等号左边为消费者效用最大化时的消费量 q_i。通过对需求函数的推导，从而将商品价格、总收入与总需求之间建立了联系。

二、生产（产出）——成本函数

从生产的企业视角出发，假设有一定数量的企业，每家企业选择生产一种不同的商品 i。产出只需要一种要素，即劳动力。而劳动力是一种非弹性的供给，同时也是一种经济规模指数。企业的技术水平由一种成本函数来代表，包括了间接成本不变的边际成本函数。劳动力的使用可以通过一种线性的产出函数来表示，参见式（4-10）。特别注意到，产出劳动力 $l(\varphi)$ 是生产率 φ 的函数，故而每个企业由于生产率水平 $\varphi(\varphi \geq 0)$ 不同，使用的劳动力（labor）l 自然也不相同，但所有企业都必须支付相同的固定成本 $f(f \geq 0)$。

$$l(\varphi) = f + \frac{q(\varphi)}{\varphi} \qquad (4-10)$$

从式（4-10）可以看出，基于只有一种生产要素劳动力的产出涉及两个成本：一个是每个企业只要进入一个行业就必须支付一定量的固定生产成本 f；另一个是每个企业的不同生产率水平 φ 和包含了 φ 的可变边际成本 $q(\varphi)$ 的比值。

故而根据式（4-10），当企业的生产率水平 φ 一定时，产出劳动力 $l(\varphi)$ 事实上与可变边际成本 $q(\varphi)$ 之间有较强的正相关关系。这里的可变边际成本可以认为是通过不断创新而提升效率的机器设备等固定资产，一方面它本身包含了生产率，另一方面也意味着该固定资产的投入越多，企业的产出劳动力 $l(\varphi)$ 就越大。因此，基于式（4-10），固定资产 $q(\varphi)$ 与包含生产率的产出劳动力 $l(\varphi)$ 之间，具有较强的正比函数关系。换句话说，企业的固定资产投入较高，其生产率也较高。这是马克思政治经济学中的一个既定结论：企业主之所以不断追加对机器设备等固定资产的投入来逐步替代劳动力，是因为这样可以在相同时间内，生产出更多的产品，从而降低生产成本，获取更高利润。

故而从理论上看，完全可以通过测算企业的固定资产 $q(\varphi)$ 间接替代生产率 φ。换句话说，可以将固定资产高的企业认作高产出的企业。那么，可以将企业固定资产近似替代企业产出，即产出劳动力 $l(\varphi)$，而又由于企业产出即产出劳动力 $l(\varphi)$ 本身就是生产率 φ 的正比函数，因而企业的固定资产 $q(\varphi)$ 可以近似直接替代企业生产率 φ。而事实上，企业的固定资产 $q(\varphi)$ 本身就是包含企业生产率的一个函数，它与企业产出即产出劳动力 $l(\varphi)$ 同生产率的关系一样，可以认为都与生产率 φ 存在较强正相关关系，因而两者从理论上对生产率进行替代的程度很近似。

对于劳动力与生产率之间的关系问题，国内学者王世军（2014）也曾对 Melitz（2003）模型开展了研究，还提出了相反意见。笔者认为，该作者在对 Melitz 的模型进行推导的过程中，误将劳动力 l 当成单一变量进行了求导，没有发现这里的劳动力 l 其实是关于生产率 φ 的隐函数。根据式（4-10），这里的劳动力 l 本身是一个函数，因此即使对劳动力 l 求导，那它也是一个包含了生产率 φ 的隐函数，故而不可能对其求导后出现简单数字而进行直接的算术加减运算。另见 Melitz 和 Redding（2015），我们也可以清楚地发现，劳动力作为生产的唯一要素假设，也是包含了生产率 φ 的函数，这就进一步指明了企业产出与企业生产率有关，并指出了式（4-10）中的单位劳动 $l(\varphi)$ 需要 $q(\varphi)$ 个单位的供给产出，故而我们用 $q(\varphi)$ 来替代 $l(\varphi)$ 在理论上是可行的。

因此，可将式（4-3）进一步整理为：

$$\lambda^{-1}(q_i)^{-\frac{1}{\sigma}} \times \left(\int_\omega q_i^\rho di\right)^{\frac{1}{\sigma-1}} = P_i(\varphi) \tag{4-11}$$

故而，可以得到企业的利润函数：

$$\pi = p_i \times q_i - TC_i = \lambda^{-1}(q_i)^{-\frac{1}{\sigma}} \times \left(\int_\omega q_i^\rho di\right)^{\frac{1}{\sigma-1}} - f - \frac{q}{\varphi} \tag{4-12}$$

再将式（4-12）中的 σ 与 ρ 转换，并求 q 的一阶偏导：

$$\rho \times q^{\rho-1} \times \left(\int_\omega q_i^\rho di\right)^{\frac{1-\rho}{\rho}} \times \lambda^{-1} = \frac{1}{\varphi} \tag{4-13}$$

由于式（4-13）有部分与式（4-11）存在重合，故而重写式（4-13）：

$$\rho \times P_i(\varphi) = \frac{1}{\varphi} \tag{4-14}$$

所以：

$$P_i(\varphi) = \frac{1}{\rho \times \varphi} \tag{4-15}$$

再将式（4-15）代入式（4-9），得到均衡解：

$$q_i = \frac{R}{P} \times \left(\frac{p_{(\varphi)}}{P}\right)^{-\sigma} = \frac{R}{P} \times \left(\frac{1}{P\rho\varphi}\right) = R \times P^{\sigma-1} \times (\rho\varphi)^\sigma \tag{4-16}$$

从而，式（4-16）就是包含了生产率 φ 的每种消费品的需求函数，然后得到每种消费品的收入函数：

$$r(\varphi) = q(\varphi) \times p(\varphi) = R \times P^{\sigma-1} \times (\varphi\rho)^{\sigma-1} = R \times (\rho\varphi P)^{\sigma-1} \quad (4-17)$$

同理,最终企业 i 的利润函数表示为:

$$\pi(\varphi) = r(\varphi) - TC = R \times (\rho\varphi P)^{\sigma-1} - f - \frac{R \times P^{\sigma-1} \times (\rho\varphi)^{\sigma}}{\varphi} = r(\varphi) - f - \rho \times$$

$$r(\varphi) = (1-\rho)r(\varphi) - f = \frac{r(\varphi)}{\sigma} - f \quad (4-18)$$

根据式 (4-16)、式 (4-17)、式 (4-18) 可知,企业的利润 $\pi(\varphi)$ 和企业收入 $r(\varphi)$ 只与生产率的高低有关,且两者都是包含生产率的函数,与企业生产率也存在正比函数关系。这就意味着,更高生产率的企业在除去同行业都必须支付的一定量的固定成本 f 之后,其利润必然更高,收入也更大。因而根据新新贸易理论,也只有这类生产率高的企业,才有经济实力去抵御海外各种不确定风险和摊销各种额外附加成本。这在现实中也是符合一般常理的。

在实证方面,Helpman 等 (2004) 通过对 1996 年 Compustat 数据库中美国跨国公司与非跨国公司进行的实证测算后发现,跨国公司基本上比非跨国公司有更高的生产率,出口商比非出口商的生产率高出 15% 的概率达到 99%。

通过式 (4-18) 的推导可以看出,由于企业利润、企业收入与生产率存在必然的正相关关系,故而企业是否可以开展国际化业务或者有雄厚的实力应对跨国间的各种风险,完全可以通过测算企业利润和企业收入进行衡量,从而间接替代企业生产率的门槛值作用。

三、行业拓展

进一步地拓展到两家企业,经过简单代换可以得到,其产出与收入的比也都只与生产率的比值有关,可以得到式 (4-19):

$$\frac{q(\varphi 1)}{q(\varphi 2)} = \left(\frac{\varphi 1}{\varphi 2}\right)^{\sigma}$$

$$\frac{r(\varphi 1)}{r(\varphi 2)} = \left(\frac{\varphi 1}{\varphi 2}\right)^{\sigma-1} \quad (\sigma > 1) \quad (4-19)$$

如果一家企业的生产率越高,那么它必将拥有更大的产出和利润收入,故而相对于生产率较低的企业,自然可以赚取更多的利润。那么这就意味着,在一个行业中产出越大、利润收入越高或收入越大的企业自然也就更容易开拓国际市场。换句话说,企业产出、企业利润、企业收入在很大程度上可以起到衡量企业是否可以开展对外业务的门槛值作用。

推而广之,如果两个行业企业数目相同,其中一个行业的企业产出更大,或是利润更高、收入更大,那么该行业必然更有可能开展国际化业务,且开展对外业务的企业总数也必然更大。对此,我们可以做如下证明:

假设有两个行业 A 和 B,且 A 和 B 都有 N 家企业,两个行业进行对外业务的企业生产率临界点都相同,设为 φ^*,均值设为 $\overline{\varphi^*}$。未达到对外业务的企业生产率均值设为 $\tilde{\varphi}$,均值设为 $\overline{\tilde{\varphi}}$。现在假定 A 行业的平均生产率水平为 $\overline{\varphi_A}$,B 行业的平均生产率水平为 $\overline{\varphi_B}$,且 $\overline{\varphi_A} > \overline{\varphi_B}$;再假定 A 行业中有 m 家企业的生产率达到了进行对外业务的水平临界值,那么 A 行业的平均生产率我们可以表述为:

$$\overline{\varphi_A} = \frac{1}{N} \times [\overline{\varphi^*} \times m + \overline{\tilde{\varphi}} \times (N - m)] \tag{4-20}$$

其中,另设 $\overline{\varphi^*} > \overline{\tilde{\varphi}}$。

同样,假定 B 行业中有 x 家企业的生产率水平达到了进行对外业务的临界值,则该行业的生产率均值 $\overline{\varphi_B}$ 可以表述为:

$$\overline{\varphi_B} = \frac{1}{N} \times [\overline{\varphi^*} \times x + \overline{\tilde{\varphi}} \times (N - x)] \tag{4-21}$$

其中,$\overline{\varphi^*} > \overline{\tilde{\varphi}}$。

用式(4-20)减用式(4-21),可以得到:$\overline{\varphi_A} - \overline{\varphi_B} = \frac{1}{N} \times [\overline{\varphi^*}(m-x) + \overline{\tilde{\varphi}} \times (N-m) - \overline{\tilde{\varphi}} \times (N-x)]$。由于假定了 $\overline{\varphi_A} > \overline{\varphi_B}$,因而等号右边也应大于 0。经过整理并变形,进一步得到:

$$\overline{\varphi_A} > \overline{\varphi_B} = \frac{1}{N} \times (m - x) \times (\overline{\varphi^*} - \overline{\tilde{\varphi}}) > 0 \tag{4-22}$$

由于式(4-20)与式(4-21)的假设前提为 $\overline{\varphi^*} > \overline{\tilde{\varphi}}$;$\frac{1}{N} > 0$,故而有:

$$m > x \tag{4-23}$$

根据式(4-23)可知,由于 A 行业的平均生产率比 B 行业高,在两个行业中的企业总数一定的前提下,A 行业中开展对外业务的企业个数必然高于 B 行业,从而假设得以证明。

事实上,企业的生产效率与利润之间的关系问题,在马克思政治经济学中早有论述,只是 Melitz 等学者又用数学工具加以证明了而已。在马克思政治经济学中，由于在相同时间内，凝结在商品中的一般人类劳动是一样的，个别企业的劳动生产率提高之后，在单位时间内生产的产品数量增加了（Melitz 在假设中即本书的式（4-10）也是将劳动力作为包含生产率的函数，且把劳动力当作企业产出的唯一变量），商品的价值与生产商品的单位劳动时间有关。由于生产这批商品的时间没有变，故而生产这批商品的价值并没有变，只是商品数量增加了，因而单个商品的价值就变小了，或者说低于同行其他企业在单位时间内所生产的商品价值。商品的价格围绕价值波动，那么该企业生产的单个商品价格理论上应该以低于行业平均水平的价格进行出售。但是，该企业生产的商品依然可以按照同行业的一般价格进行出售。故而，自身效率提升的企业除了获得同行业的平均利润之外，还获得了由于自身生产率提高而带来的超额利润。同时，由于固定资产中的机器设备与生产率的高低具有直接关系，而劳动力的劳动时间和劳动强度都有刚性限制。因此，企业家需要不断提升固定资产比重来代替劳动力，从而获取更多利润。长此以往，生产率高的企业，或者说固定资产价值更高的企业甚至可以以低于市场的价格出售同类商品。此做法将带来两方面的结果：一方面，该企业依然可以获得正常的行业平均利润；另一方面，可以将生产率低于行业平均生产率水平的企业挤出市场，从而获取更大的市场份额，甚至垄断整个市场，赚取更高的垄断利润。只是马克思政治经济学没有具体指出企业进出一个行业的临界点在哪里，没有从数学模型的角度对其进行推导，也没有进一步地考察行业生产率与企业数目之间在一定条件下能否达到一定程度的均衡，以及行业在发展到一定时期后是否也会出现某种稳定的状态等具体问题。

所以，Melitz 的新新贸易理论只是在数学上对马克思劳动价值论做了证明和更进一步的拓展，并从数学模型的视角出发，深入考察和发展了企业生产率对于企业在对外贸易和投资的路径选择上可能发挥的重要作用，以及把企业能否开展出口和对外直接投资业务，甚至具体到是以出口方式还是投资方式开拓外国市场，设定行业生产率门槛值作为衡量的标准。故而如果从新新贸易理论的逻辑上分析，该理论必然是科学而合理的。但具体到衡量的效果，该理论还存在不足。

因此，我们根据对经典理论的推导和分析，从中提炼出企业利润、企业产出（固定资产）和企业收入三个本身就包含了生产率且与其存在正比关系的企业指标，从理论上来近似替代生产率的门槛值作用。

四、行业加总

假定一个行业内的企业数目总和为 M,生产率水平的分布由 $\mu(\varphi)$ 表示,并假定该分布区间为 $(0,\infty)$,在行业加总后的均衡中,根据式 (4-7) 重新定义一个加总后的价格指数函数表达式:

$$P \equiv \left[\int_0^\infty P(\varphi)^{1-\sigma} M\mu(\varphi)\mathrm{d}\varphi\right]^{\frac{1}{1-\sigma}} \quad (4-24)$$

其中,M 为一个行业中所有企业的加总后的总和数目。进一步地,要实现加总后的行业均衡,还需要定义以下几点:

$$\widetilde{\varphi} \equiv \left[\int_0^\infty \varphi^{\sigma-1}\mu(\varphi)\mathrm{d}\varphi\right]^{\frac{1}{\sigma-1}} \quad (4-25)$$

其中,$\widetilde{\varphi}$ 代表了一个行业中现存所有企业的平均生产率水平。它独立于行业中企业的总数目 M,用来反映由于不同生产率水平的企业的相对产出份额,还可以代表生产率水平 $\mu(\varphi)$ 的分布。而对于加总的生产率水平的分布函数,满足函数:

$$\mu(\varphi) = \begin{cases} \dfrac{g(\varphi)}{1-G(\varphi^*)}, & \text{如果 } \varphi \geq \varphi^* \\ 0, & \text{否则} \end{cases} \quad (4-26)$$

其中,φ^* 是企业退出该行业的临界生产率。进一步地,还需要定义:

$$p_{in} \equiv 1 - G(\varphi^*) \quad (4-27)$$

这里定义一个 p_{in},主要是为了更好地说明如果一家企业成功进入了一个行业,那么其成功进入的概率大小。这样才能进一步地定义出包含有临界水平生产率 φ^* 的总生产率水平 $\widetilde{\varphi}$ 的函数:

$$\widetilde{\varphi}(\varphi^*) = \left[\frac{1}{1-G(\varphi^*)}\int_{\varphi^*}^\infty \varphi^{\sigma-1}g(\varphi)\mathrm{d}\varphi\right]^{\frac{1}{\sigma-1}} \quad (4-28)$$

故而,联系行业总的数目 M 和行业平均水平的生产率 $\widetilde{\varphi}$ 的效用函数为:

$$U = \left[\int_0^\infty q(\varphi)^\rho \times M \times \mu(\varphi)\mathrm{d}\varphi\right]^{\frac{1}{\rho}}$$

代入式 (4-19) 进行变换处理:

$$M^{\frac{1}{\rho}} \times q(\widetilde{\varphi}) = \left[\int_0^\infty q(\widetilde{\varphi})^\rho \times \left(\frac{\varphi}{\widetilde{\varphi}}\right)^{\rho\times\sigma} \times M \times \mu(\varphi)\mathrm{d}\varphi\right]^{\frac{1}{\rho}} \quad (4-29)$$

进一步地,获得行业的总收益函数:

$$R = \int_0^\infty r(\varphi) \times M \times \mu(\varphi) \mathrm{d}\varphi \qquad (4-30)$$

同理，代入式（4-19）进行变换处理：

$$M \times r(\widetilde{\varphi}) = \int_0^\infty r(\widetilde{\varphi}) \times \left(\frac{\varphi}{\widetilde{\varphi}}\right)^{\sigma-1} \times M \times \mu(\varphi) \mathrm{d}\varphi \qquad (4-31)$$

同时，得到总利润函数：$\pi = \int_0^\infty \pi(\varphi) \times M \times \mu(\varphi) \mathrm{d}\varphi$。将其代入式（4-18）：

$$M \times \pi(\widetilde{\varphi}) = \frac{1}{\sigma} \int_0^\infty r(\varphi) \times M \times \mu(\varphi) \mathrm{d}\varphi - M \times f$$

$$= M \times \left(\frac{r(\widetilde{\varphi})}{\sigma} - f\right) \qquad (4-32)$$

综上，我们得到了式（4-30）的行业总收益函数和式（4-32）的行业总利润函数。从式（4-30）可以看出，它由行业内企业的数目和基于行业平均生产率的收入共同决定。对于式（4-32）来说，它由该行业中基于行业平均生产率的利润 π 和企业数量 M 共同决定。这就意味着，假定两个行业的企业数目相等，那么平均生产率高的行业，其总利润更高，总收益也高。这进一步证明了本书对式（4-19）中有关微观企业要素关系拓展的行业层面的设想，也验证了上一节行业拓展中相关假设的证明，即存在于微观层面的一些规律，在很大程度上可以拓展到行业层面。

五、考虑对外业务情况

Helpman 等（2004）指出，当商品的运输成本高昂，而企业的规模报酬较小时，企业往往采用对外直接投资，反之则采用出口。企业主要从所要支付的成本大小选择经贸合作方式。因而，两种方式的选择，往往会随着企业与东道国经贸合作规模的深入而进行调整，同时也会根据运输成本的升降而有所改变。

前文中已经提出，出口与 FDI 这两种对外业务方式还常常受东道国自身宏观制度环境和政策的制约。因此，还需要对比做进一步的理论推导。

如果企业选择出口模式开展对外业务，则一般有一个固定的出口成本，即"冰山成本" f_x；如果企业选择对外直接投资模式，则假定它在每一个东道国都会有一个基本的固定成本的投入（比如厂房、劳动力、原料等）f_I。

基于上文的推导和逻辑分析，我们这里依然假设一家企业要进入国内市场的某个行业，首先需要支付一个固定的进入成本 f_0（$f_0 > 0$），那么，根据式（4-18）可得：

$$\pi_0(\varphi) = r_0(\varphi) - TC = \frac{r_0(\varphi)}{\sigma} - f_0 \qquad (4-33)$$

如果企业打算出口，则还要加入一个固定的出口成本 f_x，那么就有：

$$\pi_x(\varphi) = \frac{r_x(\varphi)}{\sigma} - f_0 - f_x (f_x > 0) \qquad (4-34)$$

式（4-34）为出口型企业的利润函数。式（4-30）表示该类型企业不仅需要支付一定的国内成本来维持国内市场的运转，还必须同时支付一部分在跨国商品运输中存在的"冰山成本"等开支。特别地，这里的出口企业是指在国内本土逐步发展起来的，即在保持国内市场一定份额的前提下，属于行业生产率先进的企业，进而再开拓对外出口模式的情况，不同于国内存在的"出口—生产率"悖论型企业。同理，对外直接投资型企业的利润函数为：

$$\pi_I(\varphi) = \frac{r_I(\varphi)}{\sigma} - f_0 - f_I (f_I > 0) \qquad (4-35)$$

特别需要加以说明的是，本书的研究也排除了在动态的模型中一家企业同时开展出口和对外直接投资业务的可能，也暂时不涉及诸如某家跨国企业在东道国先进行对外直接投资，再以东道国为基地，从当地直接进行再出口等各种复杂情形的情况，具体可参考 Rob 等（2001）。

由于企业出口的利润 $\pi_x(\varphi)$ 和进行对外直接投资的利润 $\pi_I(\varphi)$ 都必须要大于零，对外业务才可能开展，故设不进行对外业务的利润等于 0 的生产率为 φ_0^*，出口型企业的利润等于 0 的生产率为 φ_x^*，对外投资 FDI 的利润等于 0 的生产率 φ_I^*。对比以上三式我们发现，当三式都处于临界点时，即各自利润都等于 0 时的公式为：

$$\frac{r_0(\varphi_0^*)}{\sigma} - f_0 = \frac{r_x(\varphi_x^*)}{\sigma} - f_0 - f_x = \frac{r_I(\varphi_I^*)}{\sigma} - f_0 - f_I = 0 \qquad (4-36)$$

由于 $f_x > 0$，$f_I > 0$，$\sigma > 0$，因此有 $r_0(\varphi_0^*) < r_x(\varphi_x^*)$，$r_0(\varphi_0^*) < r_I(\varphi_I^*)$。根据式（4-17），生产率 φ 与收入 r 成正比，故而可知 $\varphi_0^* < \varphi_x^*$，$\varphi_0^* < \varphi_I^*$。所以从事对外业务的企业，不论是选择出口模式，还是选择对外直接投资模式，一般情况下都会比不从事对外业务的企业生产率要高，所获得的利润要更大，所以进

入与退出的临界点值也更高。

至于出口和对外直接投资之间的生产率高低，根据前文的阐述和分析可知，由于存在固定成本的变化，退出临界点也会发生变化。不过一般来讲，由于对外直接投资在"硬件"方面的固定成本，比如厂房、劳动力、原料等，比运输中的"冰山成本"和商品的关税壁垒等往往更高；在"软件"方面，企业也要进一步地对东道国的政治制度、文化制度、营商环境等各种方面有所考虑。此外，如果企业打算在该国进行长期合作，那么各种人员的培训、与当地同行交往经验的积累，甚至培养通晓当地业务的人才等隐形成本都是巨大的长期投入，故而一般认为开展对外直接投资的生产率临界点（门槛值）比出口要更高一些。

这样，经典理论就将企业生产率与是否可开展国际业务、具体以何种模式（出口还是对外直接投资）进入建立了直接的联系。通过前文的推导分析，我们找到了可替代生产率的三个核心变量，它们都是包含了生产率的函数，且都与生产率成正比。这就意味着，从理论上讲，如果企业生产率与国际化业务之间发生了相关性上的变化，那么企业利润、企业固定资产、企业收入也会反映出相似的变化。

第三节　研究假设

通过前文的分析与判断，结合上一节的模型推导与阐述，我们还需要进一步探讨"一带一路"倡议对国内企业开展国际化的影响，即重点分析"一带一路"倡议的提出，对生产率与出口和对外直接投资之间存在的紧密程度产生了怎样的作用。

如果两者的紧密程度在"一带一路"倡议提出后没有发生大的变化，那么说明"一带一路"倡议并没有给企业开展对外业务带来实质性的影响，就意味着能开展国际化的企业其生产率门槛值并没有下降，可能会出现企业即使想拓展国外市场，也会由于自身要素（如生产率门槛值等）未达到"走出去"的最低标准而无法实现的情况。通过文献梳理可知，企业生产率与企业是否可开展国际化之间的因果关系事实上并没有一个定论，即根据当前新新贸易理论的结论和现实数据的结果来分析,无法确认谁为因、谁为果。

但有一点是肯定的,即不论先进行了出口或对外直接投资业务,而后出现了企业生产率的提高,还是先有企业生产率的提高,而后才能开展出口或对外直接投资业务,两者都必然存在正相关性。根据田巍和余淼杰(2012)的观点,生产率越高的企业越可能开展对外直接投资,说明企业生产率是因,开展对外直接投资是果;而根据汤毅和尹翔硕(2014)的观点,贸易自由化可以显著促进企业全要素生产率的提升,说明企业开展出口是因,企业生产率的提高是果。但既定结论在于不论谁为因、谁为果,其基本规律和发展方向是一致的,即企业生产率与企业开展国际化间存在相互促进的密切关系,意味着越是开展国际化的企业,其企业生产率在同行业中就应该越高;或是生产率提升得越快的企业,就越有可能开展国际化业务。那么可以认为,开展了国际化业务的企业与仅服务于国内市场的企业,在企业生产率上的差距,会随着时间的推移越来越大,出现"马太效应"。换句话说,企业生产率作为开展国际化的门槛值将逐步提升,未来国内企业如要开展国际化,门槛值的要求会更苛刻,走出去也必然更加困难。

而如果"一带一路"倡议对企业走出去发挥了作用,即意味着已经有越来越多的企业开展了国际化业务,那么企业生产率与开展国际化业务之间的紧密程度比之前有所下降,那么企业生产率的门槛值将会下降。

因此本书认为,在"一带一路"倡议提出后,可能存在两种效应同时影响企业生产率门槛值的变化:一是"一带一路"倡议效应(作用),将拉低企业生产率的门槛值;二是生产率与开展国际化业务之间存在的因果效应,将拉高企业生产率门槛值。因此,最终的总效应决定企业生产率门槛值的升降(见图4-1)。

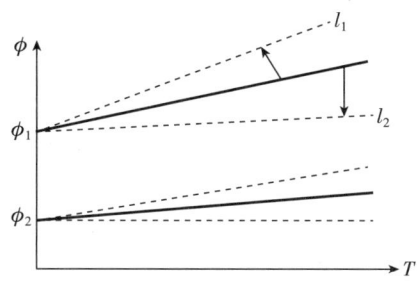

图4-1 "一带一路"倡议提出前后企业生产率门槛值的变化

在图 4-1 中，x 轴为时间 T，y 轴为企业生产率 ϕ 值。其中，ϕ_1 表示企业生产率的高门槛值，即企业要开展对外直接投资业务时，在生产率上的最低要求；ϕ_2 表示企业生产率中高门槛值，即企业要开展出口业务时，在生产率上的最低要求。根据本书的逻辑推断，在"一带一路"倡议提出后，可能存在两种效应共同决定该要素的门槛值高低，以 ϕ_1 为例，总效应应等于两种效应相抵消后的差，即 $\phi = \phi_1 + (l_1 - l_2)$。因此，在"一带一路"倡议提出后，门槛值可能存在如下几种情况：

(1) 如果因果效应大于"一带一路"倡议效应，那么 $l_1 - l_2 > 0$，则在"一带一路"倡议提出后，总的门槛值 $\phi > \phi_1$，意味着门槛值将随着时间的推移而升高。

(2) 如果因果效应等于"一带一路"倡议效应，则总的门槛值 $\phi = \phi_1$，门槛值基本不变。

(3) 如果因果效应小于"一带一路"倡议效应，那么 $l_1 - l_2 < 0$，则总的门槛值 $\phi < \phi_1$，则意味着门槛值将随着时间的推移而下降。

同时，根据本书的逻辑推理和判断，如果确实存在"一带一路"效应，但由于其没有因果效应大，只是减缓了门槛值提升的速率，结果依然是门槛值的提升，或者说生产率与国际化合作方式间的紧密程度提升的增速有所减缓。所以，提出如下基本假设：

H1：当且仅当生产率与国际化合作方式间的紧密程度（即门槛值）出现下降时，"一带一路"效应对国内企业走出去的影响效果才能真正发挥出来。

推论 1（a）：如果生产率与出口间的下降幅度大于生产率与对外直接投资间的幅度，说明"一带一路"倡议效应对企业出口带来的便利性更大。

推论 1（b）：如果生产率与出口间的下降幅度小于生产率与对外直接投资间的幅度，说明"一带一路"倡议效应对企业对外直接投资带来的便利性更大。

推论 2（a）：如果对沿线出口的降幅大于对非沿线地区，说明"一带一路"倡议提出后更多新加入的出口企业加大了对沿线国家的出口。

推论 2（b）：如果对沿线国家出口降幅小于对非沿线国家，说明"一带一路"倡议提出后更多新加入的出口型企业增加了对非沿线国家的出口。

推论 3（a）：如果对沿线的对外直接投资降幅大于对非沿线地区，说明"一带一路"倡议提出后更多新加入的对外直接投资型企业开展了对沿线地区的对外

直接投资业务;

推论3（b）：如果对沿线的对外直接投资降幅小于对非沿线地区，说明"一带一路"倡议提出后更多新加入的对外直接投资型企业开展了对非沿线地区的对外直接投资业务。

第四节　本章小结

本章着重从数理逻辑上论证了一个理论问题，即"一带一路"倡议的提出后，企业是否更容易开展出口和对外直接投资业务。针对事实上的重大变化，从理论上又应如何刻画出来。进一步地，如果"一带一路"倡议起到了积极效果，那么在理论上又应如何表达。

当前较为流行的新新贸易理论，从数学上将企业生产率作为刻画企业是否可开展国际化的重要核心尺度，但由于国内数据搜集上的困难，以及企业生产率在微观层面测算的繁杂，加之在"一带一路"倡议提出以后，还鲜有将所有数据信息都囊括进来的企业层面的"数据池"，可以用于跨国层面的数据分析。因此本书需要从该理论的推导中，提炼出可能涉及与企业生产率存在必然关系的替代指标。通过对经典模型翔实、系统的推导和分析，提炼出了三个重要的指标，即企业利润、企业产出（固定资产）和企业收入。这三个替代变量有三个主要特点：一是它们本身都是包含生产率的函数；二是都与生产率成正比，因而可以近似替代企业生产率在衡量是否可开展国际化上的门槛值作用；三是以上三个指标不仅数据相对容易获取，年份更新也较为及时，故而不论从理论上还是实践操作上，相对企业生产率而言都是更好的选择。

同时，结合"一带一路"倡议本身对国内企业对外开放等诸多因素的影响，研究"一带一路"倡议是否对生产率这一关乎企业开展国际化业务的门槛值发挥了重要作用。另据现有文献的研究，发现生产率与企业从事国际化之间可能存在相互促进的因果效应，经研究，发现该效应与"一带一路"倡议的影响效应（作用），在效果上会产生相互抵消的结果，因而要想真正体现出"一带一路"倡议的影响效果，那就必须明确企业生产率与企业国际化之间存在的紧密联系，当且仅当这种联系出现抑制时，即企业"走出去"的门槛值确实出现下降，"一带一路"倡议为我国企业在开展对外出口和对外直接投资上的效应才能真正体现出来。至此，我们对"一带一路"倡议是否发挥了积极效果，在理论上进行了刻画和阐述。

最后，基于对新新贸易理论的翔实系统的推导和分析，结合"一带一路"倡议效应（作用）和可能存在的生产率与国际化间的因果效应，提出了本书的研究假设和三个推论。

第五章 "一带一路"倡议对企业出口与投资的门槛值影响实证检验

第四章从逻辑上对理论层面的问题进行了理论上的刻画,即"一带一路"倡议提出后,从理论上如何对企业是否更容易开展对外出口或对外直接投资加以刻画。本章则主要基于第四章的理论假设及推论进一步开展实证检验。此外,对由理论推导而提炼出的三个替代生产率的指标在实际测度上的效果进行实证检验。

第一节 引言

Helpman 和 Melitz(2008)指出,尽管在采用新新贸易理论这一经典模型上有企业异质性的要求,但在实证分析的过程中,很多时候并不需要采用微观企业层面的数据来进行测算。这是因为,对于每一个出口到不同目的地的出口企业而言,其特征都存在较大差异,所以我们只需要对出口目的国和可观察的双边贸易成本的可变特征加以识别,就可以大体地反映出来了。因此,可以通过计算不同国家间的总量数据,预测异质性企业进入出口市场和其在贸易量上的选择差异,这样就可以通过国家层面的数据信息,间接体现出企业层面的一些基本事实。即便将来更多企业层面的数据会随着时间的推移变得更容易获取,但目前为止,还鲜有可以将所有的数据信息都囊括进来的微观企业数据库,并且也没有一个相近似的数据可以对现实中企业,对跨国领域的微观情况加以分析。

因此,尽管在理论上我们可以阐释得较为翔实和完善,但在现实操作中,我们也确实难以找到大量翔实的微观企业样本数据。况且，即使存在这样类似的数据，如《中国工业企业数据库》，也由于普遍存在的数据陈旧、指标不全、信息缺失等诸多问题而造成使用上的困难。加之该数据库也缺少针对具体国别在出口和对外直接方面的翔实数据，因而对于本书的研究并没有太大的参考价值。在现实中，由于企业数据还往往涉及商业机密等问题，也进一步增大了准确而全面地获取具体微观企业的对外业务数据和更新数据的难度。

在上一章的理论推导中，已经把微观层面的指标间关系在一定程度上拓展到了行业层面，通过数理推导也在一定程度上证实了微观层面的一些规律可以在行业层面加以反映。换句话说，一些作用于微观企业层面的效应，拓展到行业层面也依然有效。秦臻和倪艳（2013）也认为，尽管新新贸易理论是以企业异质性为基础的，但在实证分析中，在很大程度上不一定需要高度分解的企业层面的数据进行分析。这是因为，出口商的异质性可以通过出口目的国的一些特征来刻画和分类，故而可以利用国家层面或者行业层面的数据，通过有效的统计分析手段进行分析，就可以基本反映出开展了对外业务企业的异质性情况。

此外，尽管使用企业层面的翔实数据来检验模型更具针对性，但这对我国的现实指导意义并不明显。因为对于"一带一路"沿线国家的国别数据，目前可搜集到的最多细化到行业层面，因而如果从行业层面出发，既可以在纳入了沿线不同国家的营商环境、制度层面等外部宏观数据的基础上，更好地考察"一带一路"倡议对我国企业生产率与开展国际化间的紧密度变化，也能够较好地研究由于这些变化，可能会对下一步我国与沿线国家在合作方式和程度上带来了怎样的变化和影响进行预判。故而本书主要从行业特别是工业领域的数据对以上问题进行分析。

第二节　模型设定与指标数据的说明

一、模型设定

通过第四章理论的推导和分析可知，企业不论采用出口模式还是对外直接投资模式，其自身的一些关键指标至少要达到该行业所要开展该模式的最低生产率门槛值。因此本书在参考蒋冠宏（2017）、Meyer 等（2009）等文献的基础上，设定如下经验方程：

$$\text{Ln } Y_{ct} = \alpha_0 + \beta_1 \times industry_{jt} + \beta_2 \times T_i + \beta_3 T_i \times industry_{jt} + \sum \delta_i \times \varGamma_{ct} + \sum \varphi_i \times K_{ct} + \varepsilon_{jct} \tag{5-1}$$

其中，j、c 和 t 分别表示行业、国家和时间；Y 表示中国对该国的经贸合作方式，分别为中国对该国加权后的出口贸易额（Trade）和中国对该国的直接投资额净值（FDI）。α_0 为常数项，$industry$ 表示国内行业层面的变量，主要包括资本密集度、行业规模、行业利润率等。T_i 为分类变量，$T=1$ 表示提出"一带一路"倡议以后（即 2013 年以后），$T=0$ 表示提出"一带一路"倡议以前。控制变量分别由两个部分组成：第一，$\varGamma_{ct}$ 为东道国主要的市场经济水平指标，包括该国的市场规模、市场潜力指数、历年通胀率、自然资源等；第二，K_{ct} 为东道国宏观制度环境与营商环境等指标，包括国家社会治安水平和政局稳定、营商环境和外来企业发展适宜程度等制度方面。

此外，为便于对比研究，本书将中国与其他同时存在出口和对外直接投资的国家进行了统计并将其作为总样本，根据研究需要分为沿线国家和非沿线国家两组子样本，搜集了 2003~2016 年的数据，由于"一带一路"倡议于 2013 年提出，故而以 2013 年为转折点。以 2013 年以前的整体相关水平为参照组，通过对比 2013 年前后的变化，来考察"一带一路"倡议提出对生产率与开展对外业务间紧密程度的影响。

二、指标解释

（一）中国工业各行业指标

解释变量为根据第四章的理论推导而选出的三个替代生产率指标，分别是：

（1）企业产出（固定资产）：用行业的资本密集度（ln_cap_intensity）近似表示，具体采用固定资本合计与该行业中企业个数之比的对数。

（2）企业收入：用行业规模（ln_scale）近似表示，具体采用主营业务收入的对数。

（3）企业利润：用行业利润率（ln_reven_rate）近似表示，具体采用行业利润总额与销售产值之比的对数。

（二）各东道国的市场与资源类指标

主要包括：与中国有经贸往来国家和地区的市场规模（lnGDP）用 GDP 的对数表示，市场潜力（GDP Rate）用 GDP 的增长率水平代表，该国历年来的通货膨胀率水平用该国的居民消费价格指数（CPI）表示，自然资源（Resource）用该国当年燃料出口、矿石和金属出口之和占该国总出口的比重表示。

（三）各东道国国家的制度指标

东道国国内的宏观制度环境不仅影响着外来投资的规模和方式，也决定着双边贸易和投资的繁荣程度。根据世界银行发布的全球治理指标（Worldwide Governance Indicator，WGI），共划分出六个主要的指标来考察国别间的制度环境，它们分别是民主与责任（Voice and Accountability）、法治（Rule of Law）、质量监管（Regulatory Quality）、政治稳定和暴恐/暴力的缺失（Political Stability and Absence of Violence/Terrorism）、政府效率（Government Effectiveness）、控制腐败（Control of Corruption）。每个指标的得分区域基本限定在 -2.5~2.5，便于进行国别比较。一方面，这六个指标都是估计值，说明指标数据本身的精确度有待进一步探讨，目前国内外较权威的文献，多采用该指标（Buckley 等，2007；Kolstad 和 Wigg，2010；蒋冠宏，2017）作为国别制度的衡量标准。另一方面，笔者也注意到，这六个指标还存在有部分重合与不合理的因素。比如将民主与责任（Voice and Accountability）作为一国治理水平的指标，就带有偏袒民主自由竞选、肯定西式政体制度的意味。本书在对国别进行人工对比后也发现，欧美国家在该项指标上得分往往偏高，而其他国家和地区则多为负值或数值较小。

由于"一带一路"倡议是一个以互联互通为重点，以互利共赢为目标的经济合作倡议。在 2017 年 12 月举办的中国共产党与世界政党高层对话会上，习近平总书记已经明确强调："我们'不输入'外国模式，也不'输出'中国模式，不会要求别国'复制'中国的做法。"因此，对于这类不符合我国国情和现实的指标不能采用。法治（Rule of Law）考察了代理人对社会规则有信心和遵守的程度，特别是合同执行、财产权、警察以及法院的司法水平和犯罪暴力的可能性。政治稳定和暴恐/暴力的缺失（Political Stability and Absence of Violence/Terrorism）的定义中已然考虑到了犯罪暴力的可能性；控制腐败（Control of Corruption）的定义中也已经明确评估了公众对私人权力的看法和各种形式腐败的憎恨程度，故而以上指标存在可替代性或重复性。政府效率（Government Effectiveness）考察的主要是公务员的素质和政治压力的独立性，以及政策制定和执行的质量，与本书所要研究的制度存在较大差异。质量监管（Regulatory Quality）主要反映政府对制订私营部门健康发展的政策及执行相关法规的能力。一方面，质量监管更多地涉及经济发展、经贸往来层面的制度，故而针对性更高；另一方面，东道国政府对企业发展的考核主要体现在营商环境的监管与维护上，因而也能更客观地反映该东道国营商环境的优劣。

因此，本书主要选取了质量监管（Regulatory Quality）；政治稳定和暴恐/暴力的缺失（Political Stability and Absence of Violence/Terrorism）和控制腐败（Control of Corruption）作为考察沿线国家制度的主要指标，对"一带一路"沿线国家在治安水平、营商环境、产品质量监管等方面进行数据的筛选和对比。

本书的两个观点是：第一，国家的政局稳定与安全是保障外来企业是否能与之长期合作的首要条件和基本要求；第二，东道国的营商环境和质量监管则是外来企业能否长期与之合作的关键要素。在相关文献中，蒋冠宏（2017）在沿线国家制度领域还细分出了经济与市场机制方面的制度，但本书认为：一是上述指标已经能够基本涵盖其功能；二是该文即便把如此细化后的8个制度指标纳入实证检验后，其实质效果也并不显著；三是作者采用的是2004~2009年的数据，而"一带一路"倡议于2013年提出，因此当时中国在同沿线国家进行经贸合作时并没有"一带一路"这一概念，故而其分析的中国与"一带一路"沿线国家间市场进入策略的选择，在严格意义上并不具有"一带一路"沿线国家的意义，所以并不具备由"一带一路"倡议所带来的任何效应。因此，出于以上几个方面的考虑，本书没有再将东道国制度指标进行细化，仅区分出政治和社会制度、经济与市场机制制度两个方面，特此说明。

关于制度方面的指标设定，出于本书研究的侧重和数据搜集的不同，以及不同作者的各种考虑，指标选取都不尽相同。比如周茂（2016）在对东道国制度层面的设定上，采用了资本管制、腐败程度和知识产权保护等指标，其数据来自美国传统基金会。而笔者在对其考察分析后认为，该基金会的数据在很大程度上并不能公正地反映一国的制度，因为该基金会是美国新右派的主要政策研究机构，带有捍卫传统美国价值观和强调美式政治的色彩，代表美国西南部财团和保守势力的利益,其结论明显有失科学性,故而本书也没有采用。本书选择了世界银行以及联合国商品贸易数据库等权威机构发布的数据。此外,Kolstad 和 Wigg (2010) 将世界银行的国家治理制度中的各指标进行加权和赋值,得到一个总的制度指标;Kogut 和 Singh (1988) 将国别间的文化差异也进行了设定,并作为一种制度差异指标等。笔者认为,具体方法和指标的选取应根据作者研究的需要而定,理论界并没有给出一个明确的标准。本书在参考前人研究的基础上,结合本书研究的实际进行了取舍。

三、数据说明

中国工业的样本数据主要来源于历年《中国统计年鉴》《中国工业统计年鉴》《中国贸易外经统计年鉴》和国家统计局等权威网站发布的数据。本书根据其中大中型企业的分类,对其中的主要相关指标进行了筛选。本书参照《2015年度中国对外直接投资统计公报》(以下简称《投资统计公报》)的国别范围,划定了60个"一带一路"沿线国家,并加上参加了"一带一路"国际合作高峰论坛却还暂未纳入"一带一路"沿线中的7个国家为主要对象,构建出本书"一带一路"沿线子样本国家数据库,共有67个国家和地区。

我们整理出历年来与中国同时具有贸易往来和接受过中国投资的国家和地区,发现总共有168个。此外,为便于在出口和对外直接投资之间进行比较,排除了中国与只存在贸易往来却没有进行过投资的国家,如不丹等。同时,还有极少数国家和地区或是没有与中国建交,或是数据缺失严重,比如巴勒斯坦地区、马尔代夫群岛等未被纳入,这里特此说明。

本书的出口数据主要来源于联合国贸易和发展数据库(UNCTAD)和 CEIC 数据库。关于东道国的国家制度环境和营商情况的数据主要来源于世界银行,并参考了美国传统基金会(The Heritage Foundation)等发布的相关数据。对于中国对外直接投资数据,重点参考了商务部、国家统计局等权威部门的相关数据。其他的一些具体数据,其来源已在前文中进行了翔实的说明,这里不再一一赘述。各指标的主要描述性统计如见表 5-1 所示。

第五章 "一带一路"倡议对企业出口与投资的门槛值影响实证检验

表 5 – 1　变量的描述性统计

	变量	变量含义	观测样本	均值	方差	最大值	最小值
被解释变量	ln_FDI	FDI 对数	2191	-4.91	3.71	8.34	-15.26
	ln_trd	出口对数	2815	4.18	2.50	10.78	6.90
解释变量	cap_intensity	资本密集度	2352	0.45	0.13	0.66	0.26
	ln_scale	企业规模对数	2352	10.64	0.85	11.65	9.00
	reven_rate	利润率	2352	0.07	0.01	0.08	0.06
控制变量	ln_GDP	GDP 对数	2314	5.79	2.29	12.13	0.24
	GDP_rate	GDP 增长率	2343	3.96	5.09	54.16	-62.08
	CPI	通货膨胀	2314	6.07	8.55	84.89	-29.69
	resource	自然资源禀赋	2324	22.48	29.17	99.99	0
	corruption	控制腐败	2347	-0.03	1.03	2.47	-1.81
	admin	监管质量	2345	0.01	0.99	2.26	-2.34
	steady	社会稳定	2349	-0.08	0.99	1.69	-3.18

注：该表对出口额也做了对数统计，一并列出便于参照。
资料来源：笔者利用 Stata 软件计算得到。

第三节　实证检验与结果分析

本书分别就出口和对外直接投资两种模式分别进行考察。根据"一带一路"倡议提出后合作对象上的区分，在对每个生产率要素替代指标进行考察的同时，也将沿线国家和非沿线国家的估计结果一并列出，放在不同的窗格中以便对照。在对出口和对外直接投资分别进行分析后，我们进一步对出口与对外直接投资之间就门槛值变化的强度做了分析，从而回答第四章研究假设推论 1 的具体情况。最后对实证检验的总体结果给予综合分析和整体判断。

一、对外直接投资的回归分析

（一）基于行业资本密集度的回归分析

表 5 – 2 是实施"一带一路"倡议后资本密集度与对外直接投资相互关系的

实证回归结果。虽然在"一带一路"沿线子样本国家与非沿线子样本国家中，不同解释变量在估计结果后存在略微差异，但实施"一带一路"倡议以来，不论是对沿线国家开展的对外直接投资，还是对非沿线国家开展的对外直接投资，资本密集度上的估计系数均显著为正。这意味着，资本密集度与开展 FDI 间存在着一定程度的正相关关系。因此，该指标在替代生产率的效果很大程度上是可靠的，表明我国在跨国合作上符合新新贸易理论的基本观点，也符合本书的基本预期，要开展对外直接投资，资本密集度必然与其存在一定紧密程度上的关联。从总体上看，中国走出去的行业资本密集程度越高，开展对外投资的概率越大。该结论也符合笔者在第四章提出的微观层面的一些变量间的关系，在一定程度上可以拓展到行业层面的认识，这与现实事实较为相符。

表 5-2 "一带一路"倡议对资本密集度与 FDI 相互关系的影响检验

		被解释变量：FDI（对数形式）			
		(1)	(2)	(3)	(4)
窗格1："一带一路"沿线国家子样本	实施"一带一路"倡议以后年份	1.638***	1.374***	1.589***	1.253***
		(0.054)	(0.039)	(0.053)	(0.038)
	资本密集度（对数）	0.195***	0.127***	0.198***	0.129***
		(0.018)	(0.014)	(0.018)	(0.013)
	实施"一带一路"倡议后×资本密集度（对数）	-0.189***	-0.115***	-0.194***	-0.117***
		(0.036)	(0.024)	(0.035)	(0.024)
	Observations	3337	3304	3326	3293
	R-squared	0.063	0.518	0.100	0.535
窗格2：非"一带一路"国家子样本	实施"一带一路"倡议以后年份	1.198***	0.864***	1.251***	0.879***
		(0.053)	(0.029)	(0.042)	(0.029)
	资本密集度（对数）	0.161***	0.093***	0.164***	0.098***
		(0.017)	(0.011)	(0.015)	(0.011)
	实施"一带一路"倡议后×资本密集度（对数）	-0.163***	-0.086***	-0.163***	-0.090***
		(0.035)	(0.019)	(0.028)	(0.019)
	Observations	4769	4621	4750	4602
	R-squared	0.028	0.671	0.342	0.674

续表

控制变量		被解释变量：FDI（对数形式）			
		(1)	(2)	(3)	(4)
控制变量	对应国家的GDP规模（对数）		是		是
	对应国家的GDP增长速度		是		是
	对应国家的CPI		是		是
	对应国家的自然资源禀赋		是		是
	政治腐败程度			是	是
	政府管理能力			是	是
	政权稳定程度			是	是

注：*、**、***分别表示在10%、5%、1%的显著性水平下显著，括号内的数值为对应估计值的 t 统计量。

资料来源：笔者利用 Stata 软件计算所得。

进一步地，对于窗格1"一带一路"沿线国家：考察资本密集度在"一带一路"倡议节点前后的变化，即重点考察"实施'一带一路'倡议后×资本密集度（对数）"的主要数据变化。数据显示，从第（1）列到第（4）列，"一带一路"沿线国家资本密集度（对数）与对外直接投资的紧密程度都出现了不同程度的下降，表明"一带一路"倡议对生产率与国际化合作方式间的紧密程度起到了有效抑制，符合本书的理论假设。同时，下降幅度最大的为第（3）列，下降了0.194个百分点，表明随着"一带一路"倡议对中国与沿线国家间外部环境发挥出积极作用，有利于放宽企业在资本密集度上的限制，该结论也符合第四章的基本假设。

对于窗格2非沿线国家，考察在"一带一路"倡议实施之后，即"实施'一带一路'倡议后×资本密集度（对数）"的主要数据变化也出现了一定程度的下降态势，第（4）列下降了0.09个百分点且显著，表明对我国企业向非沿线国家在开展对外直接投资上，其生产率门槛值也出现了一定程度的放宽。第（1）列放宽了0.163个百分点，第（3）列也放宽了0.163个百分点，说明"一带一路"倡议的效应没有促成中国对非沿线国家在国家制度环境上的过多改善，该结果符合本书的基本假设。

对比两个窗格，即在加入全部约束条件下的第（4）列，"一带一路"沿线国家FDI的放宽幅度明显高于非沿线国家，窗格1中为-0.117个百分点，而窗格2中为-0.090个百分点，且数据结果显著。满足本书的推论3（a），说明"一带一路"倡议提出后，更多企业加入对外直接投资的队伍中。

（二）基于行业规模的回归分析

表5-3是实施"一带一路"倡议后，行业规模与对外直接投资相互关系的实证回归结果。虽然在"一带一路"沿线子样本国家与非沿线子样本国家中，不同解释变量在估计结果后存在略微差异，但实施"一带一路"倡议以来，不论是对沿线国家开展的对外直接投资，还是对非沿线国家和地区开展的对外直接投资，行业规模上的估计系数均显著为正。因此，该指标替代生产率的效果在很大程度上是可靠的，表明我国企业在跨国合作上符合新新贸易理论的基本观点，也符合本书的基本预期，即要开展对外直接投资，行业规模必然与其存在一定程度的正相关。从总体上看，行业规模化程度越高，开展对外直接投资的概率越大，该结论也符合第四章中微观规律拓展到行业层面的认识。

进一步地，重点考察窗格1"一带一路"沿线国家，行业规模在"一带一路"倡议节点前后的变化，即重点考察"实施'一带一路'倡议后×行业规模（对数）"的主要数据变化。数据显示，从第（1）列到第（4）列，沿线国家行业规模（对数）与对外直接投资的紧密程度都出现了不同程度的下降，表明"一带一路"倡议对生产率与国际化合作方式间的紧密程度起到了有效抑制，符合本书的理论假设。同时，下降幅度最大的为第（3）列，相比"一带一路"倡议提出前放宽了大约0.330个百分点，且较显著，表明"一带一路"倡议对中国在沿线国家开展合作的外部环境的改善起到了积极作用，该结论符合第四章的基本假设预期。

对于窗格非"一带一路"沿线国家，考察在"一带一路"倡议实施之后，即"实施'一带一路'倡议后×行业规模（对数）"的主要数据变化也出现了一定程度的下降态势，但在下降幅度上略有变化。其中，第（1）列放宽了0.270个百分点，第（3）列放宽了0.278个百分点，表明非沿线国家也出现了与沿线国家类似的进一步放宽效应，相对放宽了-0.008个百分点。这表明，即使在非沿线国家开展对外直接投资业务，东道国制度环境的改善也更有利于达成合作，其结果符合基本假设。

第五章 "一带一路"倡议对企业出口与投资的门槛值影响实证检验

表5-3 "一带一路"倡议对行业规模与对外直接投资相互关系的影响检验

		被解释变量：对外直接投资（对数形式）			
		(1)	(2)	(3)	(4)
窗格1："一带一路"沿线国家子样本	实施"一带一路"倡议以后年份	3.890***	2.833***	3.885***	2.738***
		(0.241)	(0.161)	(0.235)	(0.158)
	行业规模（对数）	0.327***	0.212***	0.332***	0.215***
		(0.013)	(0.010)	(0.013)	(0.010)
	实施"一带一路"倡议后×行业规模（对数）	-0.324***	-0.209***	-0.330***	-0.212***
		(0.032)	(0.021)	(0.031)	(0.021)
	Observations	3337	3304	3326	3293
	R-squared	0.076	0.524	0.114	0.540
窗格2：非"一带一路"国家子样本	实施"一带一路"倡议以后年份	3.084***	1.942***	3.186***	2.017***
		(0.236)	(0.124)	(0.185)	(0.123)
	行业规模（对数）	0.268***	0.154***	0.277***	0.163***
		(0.012)	(0.008)	(0.011)	(0.008)
	实施"一带一路"倡议后×行业规模（对数）	-0.270***	-0.155***	-0.278***	-0.163***
		(0.031)	(0.017)	(0.025)	(0.017)
	Observations	4769	4621	4750	4602
	R-squared	0.035	0.673	0.349	0.677
控制变量	对应国家的GDP规模（对数）		是		是
	对应国家的GDP增长速度		是		是
	对应国家的CPI		是		是
	对应国家的自然资源禀赋		是		是
	政治腐败程度			是	是
	政府管理能力			是	是
	政权稳定程度			是	是

注：*、**、***分别表示在10%、5%、1%的显著性水平下显著，括号内的数值为对应估计值的t统计量。

资料来源：笔者利用Stata软件计算所得。

对比两个窗格，即在加入全部约束条件下的第（4）列，对于沿线国家对外直接投资的放宽幅度明显高于非沿线国家，窗格1中为-0.212个百分点，窗格2中为-0.163个百分点，且都较为显著，满足本书的推论3（a），说明"一带一路"倡议提出后,更多加入对外直接投资中的企业开展了对沿线地区的投资。

（三）基于利润率的回归分析

表 5-4 是实施"一带一路"倡议后,利润率与对外直接投资相互关系的实证回归结果。虽然在"一带一路"沿线子样本国家与非"一带一路"沿线子样本国家中,不同解释变量在估计结果后存在略微差异,但实施"一带一路"倡议以来,不论是对沿线国家开展的对外直接投资,还是对非沿线国家开展的对外直接投资,利润率上的估计系数均显著为正。因此,该指标替代生产率的效果在很大程度也是可靠的。也表明我国在跨国合作上符合新新贸易理论的基本观点,也符合本书的基本预期,即要开展对外直接投资,利润率必然也与企业开展对外直接投资之间存在一定关联。从总体上看,中国企业利润率越高,开展对外直接投资的概率越大。该结论符合第四章中基本预期认识。

表 5-4 "一带一路"倡议对利润率与对外直接投资相互关系的影响检验

		被解释变量：对外直接投资（对数形式）			
		(1)	(2)	(3)	(4)
窗格1："一带一路"沿线国家子样本	实施"一带一路"倡议以后年份	0.736*** (0.176)	0.876*** (0.121)	0.673*** (0.172)	0.719*** (0.119)
	利润率（对数）	0.425*** (0.033)	0.237*** (0.025)	0.429*** (0.033)	0.249*** (0.025)
	实施"一带一路"倡议后×利润率（对数）	-0.418*** (0.063)	-0.237*** (0.043)	-0.426*** (0.062)	-0.251*** (0.043)
	Observations	3292	3259	3281	3248
	R-squared	0.064	0.519	0.101	0.535
窗格2：非"一带一路"国家子样本	实施"一带一路"倡议以后年份	0.460*** (0.171)	0.441*** (0.092)	0.488*** (0.136)	0.436*** (0.092)
	利润率（对数）	0.340*** (0.031)	0.185*** (0.020)	0.350*** (0.027)	0.195*** (0.020)
	实施"一带一路"倡议后×利润率（对数）	-0.345*** (0.061)	-0.196*** (0.033)	-0.355*** (0.049)	-0.205*** (0.033)
	Observations	4704	4558	4686	4540
	R-squared	0.028	0.672	0.343	0.676

续表

		被解释变量：对外直接投资（对数形式）			
		（1）	（2）	（3）	（4）
控制变量	对应国家的 GDP 规模（对数）		是		是
	对应国家的 GDP 增长速度		是		是
	对应国家的 CPI		是		是
	对应国家的自然资源禀赋		是		是
	政治腐败程度			是	是
	政府管理能力			是	是
	政权稳定程度			是	是

注：*、**、***分别表示在10%、5%、1%的显著性水平下显著，括号内的数值为对应估计值的 t 统计量。

资料来源：笔者利用 Stata 软件计算所得。

进一步地，重点考察窗格1"一带一路"沿线国家行业规模在"一带一路"倡议节点前后的变化，即重点考察"实施'一带一路'倡议后×利润率（对数）"的主要数据变化。数据显示，从第（1）列到第（4）列，沿线国家行业规模（对数）与对外直接投资的紧密程度都出现了不同程度的下降，表明"一带一路"效应对生产率与国际化合作方式间的紧密程度起到了有效抑制，符合本书的理论假设。同时，下降幅度最大的为第（3）列，下降幅度达到 0.426 个百分点，且较显著，表明"一带一路"倡议对中国在沿线国家开展合作的外部环境的改善起到了积极作用，更有利于企业开展对当地对外直接投资的合作，该结论也符合第四章的基本假设。

对于窗格2非"一带一路"沿线国家，考察在"一带一路"倡议实施之后，即"实施'一带一路'倡议后×行业规模（对数）"的主要数据变化出现了一定程度的放宽态势，但在放宽幅度上稍有变化。其中，第（1）列放宽了 0.345 个百分点，第（3）列放宽了 0.355 个百分点，表明非沿线国家也出现了与沿线国家类似的进一步放宽效应，反而略有进一步放宽，相对放宽了 0.010 个百分点。同时，表明东道国制度环境的改善，有利于更多利润率较低的企业加入对非沿线国家的对外直接投资当中，该结果符合基本假设。

对比两个窗格，即在加入全部约束条件下的第（4）列，对于沿线国家对外直接投资的放宽幅度明显高于非沿线国家，窗格1中为 -0.251 个百分点，窗格2中为 -0.205 个百分点，满足本书推论3（a），说明"一带一路"倡议提出后，更多加入对外直接投资中的企业开展了对沿线地区的投资。

（四）小结

通过本节的实证检验，可以得到以下结论：第一，基于第四章理论推导而提炼出的三个替代生产率作为门槛值作用的变量在对外直接投资的衡量上是可行的，只是在替代程度的效果上有所差异。通过实证研究发现，在解释力上资本密集度比行业规模和利润率更符合本书的假设；对非沿线国家的放宽条件多集中于利润率和行业规模方面。从总的趋势上看，三个替代指标基本都达到了预期的效果，也符合基本假设。

第二，在"一带一路"倡议提出后，我国有更多企业加入跨国直接投资的行业中，回答了本书第四章中的基本假设。由于总效应表现为门槛值的下降，因此"一带一路"倡议的效应不仅存在而且其效果在很大程度上得以体现，即放宽了我国企业走出去所要达到的最低门槛值要求。从而我们真实地刻画出了"一带一路"倡议对企业开展对外直接投资的效果，该结果是积极有效的。

第三，对于新加入到对外直接投资中的企业，其投资的主要目的地是沿线国家而不是非沿线国家，通过实证研究也得到了证明。从数据上可以看出，"一带一路"倡议提出后，虽然我国企业对非沿线国家的直接投资也有一定程度的增长，特别是企业利润率和行业规模之间的门槛值出现了一定程度的放宽，意味着有部分新加入对外直接投资中的利润率相对较低、规模较小的企业开展了对非沿线国家的投资，但总体上有更多企业在对外直接投资上依然选择了沿线地区。

二、出口方式的回归分析

（一）基于行业资本密集度的回归分析

表5-5是实施"一带一路"倡议后，资本密集度与出口相互关系的实证回归结果。虽然在"一带一路"沿线子样本国家与非沿线子样本国家中，不同解释变量在估计结果后存在略微差异，但"一带一路"倡议实施以来，不论是对沿线国家开展的出口，还是对非沿线国家和地区开展的出口，资本密集度上的估

计系数均显著为正。这表明资本密集度与出口贸易之间也存在着一定程度的正相关关系，该结果符合新新贸易理论的基本观点，也符合本书的基本假设。从总体上看，中国"走出去"的行业资本密集程度越高，越容易开拓出口业务。

表5-5 "一带一路"倡议对资本密集度与出口相互关系的影响检验

		被解释变量：出口（对数形式）			
		（1）	（2）	（3）	（4）
窗格1： "一带 一路" 沿线 国家 子样本	实施"一带一路"倡议以后年份	-1.680*** (0.201)	-0.870*** (0.115)	-1.727*** (0.191)	-0.845*** (0.115)
	资本密集度（对数）	2.644*** (0.086)	1.583*** (0.051)	2.625*** (0.081)	1.589*** (0.051)
	实施"一带一路"倡议后×资本密集度（对数）	-2.890*** (0.355)	-1.564*** (0.203)	-2.939*** (0.337)	-1.549*** (0.203)
	Observations	1153	1142	1153	1142
	R-squared	0.123	0.724	0.223	0.725
窗格2： 非"一 带一路" 国家 子样本	实施"一带一路"倡议以后年份	-1.609*** (0.224)	-1.024*** (0.096)	-1.562*** (0.182)	-1.057*** (0.094)
	资本密集度（对数）	2.807*** (0.098)	1.866*** (0.044)	2.896*** (0.079)	1.818*** (0.044)
	实施"一带一路"倡议后×资本密集度（对数）	-2.692*** (0.397)	-1.661*** (0.168)	-2.587*** (0.324)	-1.693*** (0.164)
	Observations	1662	1610	1656	1604
	R-squared	0.078	0.828	0.384	0.830
控制 变量	对应国家的GDP规模（对数）		是		是
	对应国家的GDP增长速度		是		是
	对应国家的CPI		是		是
	对应国家的自然资源禀赋		是		是
	政治腐败程度			是	是
	政府管理能力			是	是
	政权稳定程度			是	是

注：*、**、***分别表示在10%、5%、1%的显著性水平下显著，括号内的数值为对应估计值的t统计量。

资料来源：笔者利用Stata软件计算所得。

进一步地，重点考察窗格1，"一带一路"沿线国家资本密集度（对数）在"一带一路"倡议节点前后的变化，即重点考察"实施'一带一路'倡议后×资本密集度（对数）"的数据情况。数据显示，从第（1）列到第（4）列，沿线国家资本密集度（对数）与出口间的紧密程度都出现了不同程度的下降，表明"一带一路"效应对门槛值起到了有效抑制，符合本书的理论假设。同时，下降幅度最大的为第（3）列，下降幅度达到2.939个百分点，表明随着"一带一路"倡议对中国在沿线国家开展合作的外部环境的改善，有利于放宽企业的资本密集度，该结论符合第四章中的基本假设，说明"一带一路"倡议通过改善与沿线东道国外部制度和营商环境，有利于企业更好地开展出口贸易。

对于窗格2非"一带一路"沿线国家，考察在"一带一路"倡议实施之后，即"实施'一带一路'倡议后×资本密集度（对数）"的主要数据变化，也出现了一定程度的放宽态势。其中，第（1）列放宽了2.692个百分点，第（3）列放宽了2.587个百分点，且数据结果显著。结果表明，"一带一路"倡议的效应没有对非沿线国家在国家制度环境等方面达成改善，而是促成在资本密集度上的相对放宽，该结果符合本书的基本假设。

对比两个窗格，发现对于非沿线国家，资本密集度间的放宽幅度明显高于沿线国家，即在加入所有限制约束下的第（4）列，非沿线国家放宽了1.693个百分点，而沿线国家放宽了1.549个百分点，且数据结果均显著，满足本书假设的推论2（b），说明"一带一路"倡议提出后，更多加入出口中的企业，其出口对象选择了非沿线国家。

（二）基于行业规模的回归分析

表5-6是实施"一带一路"倡议后，行业规模与出口相互关系的实证回归结果。虽然在"一带一路"沿线子样本国家与非"一带一路"沿线子样本国家中，不同解释变量在估计结果后存在略微差异，但实施"一带一路"倡议以来，不论是对沿线国家开展的出口，还是对非沿线国家开展的出口，行业规模本身对出口的估计系数均显著为正，这表明行业规模与出口贸易之间也在一定程度上存在正相关关系，该结果符合新新贸易理论的基本观点，也符合本书的基本假设。从总体上看，中国"走出去"的行业规模越高，越容易开拓出口业务。

表5-6 "一带一路"倡议对行业规模与出口相互关系的影响检验

		被解释变量：出口（对数形式）			
		(1)	(2)	(3)	(4)
窗格1："一带一路"沿线国家子样本	实施"一带一路"倡议以后年份	11.899**	3.464	12.411**	3.134
		(5.198)	(2.981)	(4.943)	(2.973)
	行业规模（对数）	0.963***	0.579***	0.955***	0.582***
		(0.030)	(0.017)	(0.028)	(0.018)
	实施"一带一路"倡议后×行业规模（对数）	-1.052**	-0.310	-1.098**	-0.280
		(0.449)	(0.258)	(0.427)	(0.257)
	Observations	1153	1142	1153	1142
	R-squared	0.132	0.727	0.231	0.728
窗格2：非"一带一路"国家子样本	实施"一带一路"倡议以后年份	6.407	1.870	4.078	2.456
		(5.856)	(2.431)	(4.840)	(2.387)
	行业规模（对数）	1.019***	0.679***	1.052***	0.662***
		(0.034)	(0.015)	(0.027)	(0.015)
	实施"一带一路"倡议后×行业规模（对数）	-0.581	-0.182	-0.381	-0.234
		(0.506)	(0.210)	(0.418)	(0.206)
	Observations	1662	1610	1656	1604
	R-squared	0.084	0.831	0.390	0.833
控制变量	对应国家的GDP规模（对数）		是		是
	对应国家的GDP增长速度		是		是
	对应国家的CPI		是		是
	对应国家的自然资源禀赋		是		是
	政治腐败程度			是	是
	政府管理能力			是	是
	政权稳定程度			是	是

注：*、**、***分别表示在10%、5%、1%的显著性水平下显著，括号内的数值为对应估计值的t统计量。

资料来源：笔者利用Stata软件计算所得。

进一步地，重点考察窗格1，"一带一路"沿线国家行业规模（对数）在"一带一路"倡议节点前后的变化，即重点考察"实施'一带一路'倡议后×行业规模（对数）"的主要数据变化。数据显示，从第（1）列到第（4）列，沿线国家行业规模（对数）与出口间的紧密程度都出现了不同程度的下降，数据仅在第（1）列和第（4）列上较为显著，但总体趋势上可以反映"一带一路"效应对门槛值起到了有效抑制，基本符合本书的理论假设。同时，下降幅度最大的为第（3）列，下降幅度达到1.098个百分点，且数据结果显著，表明"一带一路"倡议对中国在沿线国家开展合作的外部环境的改善，有助于企业在行业规模上的相对放宽，该结论也符合第四章中的基本假设，说明"一带一路"倡议发挥了积极作用。

对于窗格2非"一带一路"沿线国家，考察在"一带一路"倡议实施之后，即"实施'一带一路'倡议后×行业规模（对数）"的主要数据变化，也出现了一定程度的放宽态势，但数据都不够显著。

（三）基于利润率的回归分析

表5-7是实施"一带一路"倡议后，利润率与出口相互关系的实证回归结果。虽然在"一带一路"沿线子样本国家与非"一带一路"沿线子样本国家中，不同解释变量在估计结果后存在略微差异，但"一带一路"倡议实施以来，不论是开展对沿线国家的出口，还是对非沿线国家开展的出口，利润率上的估计系数均显著为正。同时，利润率与出口贸易之间也在一定程度上存在正相关关系，表明我国的跨国合作符合新新贸易理论的基本观点，也符合本书的基本预期。从总体上看，中国"走出去"的行业利润率越高，越容易开拓出口业务。因此，该指标替代生产率的效果在很大程度也是可靠的。该结论符合第四章中微观层面的一些变量间的关系在一定程度上可以拓展到行业层面的认识，也与现实事实较为相符。

进一步地，重点考察窗格1，"一带一路"沿线国家利润率（对数）在"一带一路"倡议节点前后的变化，即重点考察"实施'一带一路'倡议后×利润率（对数）"的主要数据变化。数据显示，从第（1）列到第（4）列，沿线国家利润率（对数）与出口间的紧密程度都出现了不同程度的下降，且数据结果显著，表明"一带一路"倡议对门槛值起到了有效的抑制作用，符合本书的理论假设。同时下降幅度最大的为第（1）列，下降幅度达到5.088个百分点，而第（3）列下降幅度约为4.873个百分点。表明尽管在沿线东道国制度层面加强了合作，但对国内的出口企业而言影响不大，因而对于企业利润率的放宽要求有限。

表 5-7 "一带一路"倡议对利润率与出口相互关系的影响检验

		被解释变量：出口（对数形式）			
		(1)	(2)	(3)	(4)
窗格1："一带一路"沿线国家子样本	实施"一带一路"倡议以后年份	-12.488*** (1.851)	-6.631*** (1.065)	-11.937*** (1.752)	-6.497*** (1.063)
	利润率（对数）	5.671*** (0.260)	3.023*** (0.150)	5.606*** (0.245)	2.970*** (0.150)
	实施"一带一路"倡议后×利润率（对数）	-5.088*** (0.683)	-2.725*** (0.392)	-4.873*** (0.646)	-2.677*** (0.392)
	Observations	1153	1142	1153	1142
	R-squared	0.086	0.709	0.187	0.710
窗格2：非"一带一路"国家子样本	实施"一带一路"倡议以后年份	-14.506*** (2.063)	-9.767*** (0.884)	-15.737*** (1.677)	-9.065*** (0.864)
	利润率（对数）	5.869*** (0.295)	3.766*** (0.134)	6.002*** (0.242)	3.692*** (0.132)
	实施"一带一路"倡议后×利润率（对数）	-5.849*** (0.760)	-3.915*** (0.326)	-6.315*** (0.617)	-3.637*** (0.319)
	Observations	1662	1610	1656	1604
	R-squared	0.053	0.817	0.356	0.819
控制变量	对应国家的GDP规模（对数）		是		是
	对应国家的GDP增长速度		是		是
	对应国家的CPI		是		是
	对应国家的自然资源禀赋		是		是
	政治腐败程度			是	是
	政府管理能力			是	是
	政权稳定程度			是	是
	对应国家的GDP规模（对数）		是		是

注：*、**、***分别表示在10%、5%、1%的显著性水平下显著，括号内的数值为对应估计值的t统计量。

资料来源：笔者利用Stata软件计算所得。

对于窗格2非"一带一路"沿线国家，考察在"一带一路"倡议实施之后，即"实施'一带一路'倡议后×利润率（对数）"的主要数据变化也出现了一定程度的放宽态势,且数据结果显著。其中,第(1)列放宽了5.849个百分点,第(3)列放宽了6.315个百分点。这说明大量对非沿线国家出口的新企业,在我国并没有与其在制度环境上加以改善的情况下,进一步放宽了企业在利润率上的门槛值。该结果意味着越出口到非沿线地区的行业,对其在利润率上的门槛要求放宽得越大。该结果在一定程度上支持了国内早先文献中广泛讨论并加以证实的我国企业普遍存在的"出口—生产率悖论"现象(李春顶、尹翔硕,2009;戴觅、余淼杰,2014),但本书的结果进一步表明,在可能存有"出口—生产率悖论"现象的事实背景下,新增加的在利润率上较弱的出口企业,在更大程度上将产品出口到了非沿线国家。

对比两个窗格,发现非沿线国家利润率的放宽幅度明显高于沿线国家,即在第(4)列,非沿线国家放宽了3.673个百分点,而沿线国家放宽了2.677个百分点,满足本书假设的推论2(b),说明"一带一路"倡议提出后,更多开展出口业务的企业,更为重视对非"一带一路"沿线国家的出口。

(四)小结

通过本节的实证研究可以得到以下结论:

第一,基于第四章理论推导而提炼出的三个替代生产率作为门槛值作用的变量在对出口的衡量上是可行的,只是在替代程度的效果上有所差异。通过实证研究发现,在解释力上资本密集度比行业规模和利润率更符合本书的假设。从总的趋势上看,三个替代指标基本都达到了预期的效果。

第二,在"一带一路"倡议提出后,我国有更多企业加入到出口的行业中,回答了本书第四章中的基本假设,"一带一路"倡议的效应不仅存在而且发挥出了显著的效果,即放宽了我国企业在对外出口方面所要达到的最低门槛要求。

第三,对于放宽行业规模而新加入出口行列中的企业而言,其出口的主要目的地是非沿线国家而不是沿线国家。虽然"一带一路"倡议提出后,我国达到出口门槛值的企业有所增加,但从幅度上看,对非沿线地区开展出口的企业放得更宽。

第四,在出口与利润率间的放宽幅度方面,对非沿线国家出口企业放宽的幅度相对更大,意味着更多加入对非沿线国家出口的行业其利润率相对更低,因而还存在"出口—生产率悖论"现象。

三、出口与对外直接投资间的对比分析

数据结果显示，在"一带一路"倡议提出后，对企业开展对外出口业务和对外直接投资上的要素要求，其最后的总效应呈放宽态势。"一带一路"效应对国内企业"走出去"的影响效果已经凸显出来。因此，本书第四章提出的理论假设得到了应验，我们刻画出了"一带一路"倡议对要素门槛值的影响效应。

进一步地，我们仍需要对该理论假设的推论 1 进行考察。对比结果显示，"一带一路"倡议的效应对我国生产率与出口间紧密程度的放宽幅度要大于对外直接投资，故而满足推论 1（a）。因此，生产率门槛值的变化结果应刻画为如图 5-1 所示。

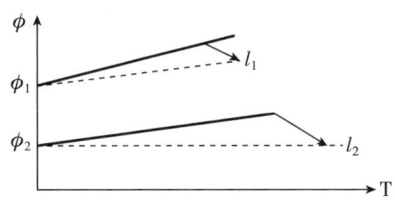

图 5-1　生产率门槛值变化

四、综合分析

本书认为，实施"一带一路"倡议之前，我国产业（工业）在对外合作上也是符合传统企业国际化基本理论的，这是因为：

第一，从跨国公司理论出发，公司不论是开展出口还是对外直接投资业务，其动机和目的，或是出于谋求更大的市场，或是希望进一步获取海外资源，或是进军发达国家市场谋求品牌、人才、技术等诸多方面的需求，其根本出发点都在于进一步做大做强本企业。鉴于本书的研究不包含外交援助性质的对外合作，因此寻求企业海外利润最大化、实现企业更大发展这一根本出发点与其他国家企业是一致的，所以跨国公司的基本理论在一定程度上依然适用于我国企业。

第二，从新新贸易理论出发，在同一行业开展国际化业务，至少应达到出口的最低门槛值。从常理出发，也应是各行业中的优质资源才有可能开展对外业

务，才有能力抵御国际市场上存在的各种不确定性因素和信息不对称等负面干扰，该理论在一定程度上也依然适用于中国企业。更为重要的是，通过第四章的分析，新新贸易理论在基本逻辑上对马克思劳动价值论做了数学上的证明，通过数学工具进一步细化和拓展了马克思劳动价值论中的一些认识和判断，特别是进一步刻画出了企业在开展国际化必要的核心要素上，应达到的最低要求。该理论以生产率作为门槛值，而本书通过提炼出的三个替代变量进行衡量，也基本达到了这一效果。因此，不论是逻辑证明还是具体到现实国情，新新贸易理论从逻辑思想上是符合马克思基本原理的，因而必然是科学的，只是在用具体要素对门槛值进行刻画上并不客观和完美。

基于对前文理论基础的分析和判断，本书认为："一带一路"倡议之所以会对国内企业开展国际化的门槛值产生重大影响主要是由于：第一，为国家对外开放的政策提供了有力的推动和支持。围绕"一带一路"倡议，我国政府发布的各项文件都有利于企业加快走出去。因而，在国内对外开放的大背景下，国内企业开展国际化的步伐相对加快，在"一带一路"倡议前许多未能走出去的企业，在与"一带一路"倡议相配套的各种优惠条件和政策的鼓励下也都加入到对外业务中。第二，在对外同沿线国家的合作上，合作的渠道比"一带一路"倡议提出前更为便利，信息不对称的问题可以更好地解决。所以与未被纳入该平台中的非沿线国家相比，我国与沿线各国的双边经贸合作，有更良好的营商背景和相互信任的双边政策保障，外部环境也更有利于我国企业开展对外业务。第三，"一带一路"倡议实施后，我国企业从原来自发走出去自寻市场、自担风险，转变为由两国政府出面先达成一定共识，再为两国企业开展双边经贸合作开通"绿色信道"的新模式，因而企业走出去所要直面的不确定性风险在很大程度上得以减轻。因此，与沿线国家开展业务的中国企业所需要的最低要素门槛也应比同非沿线国家的要小，负担要轻。

基于国内政策扶持和国外抵御不确定风险的成本进一步降低的大环境，从常理上判断，企业达到对沿线国家开展合作的最低要求应该下降。而对于非沿线国家，相对于"一带一路"倡议实施之前，企业可能更容易办理海外业务和获得政策扶持，但由于暂时没有东道国政府的配合，故而不存在中国同沿线国家开展业务的"绿色信道"新模式，企业在东道国面临的各种风险并没有发生太大变化，自然与非沿线国家开展合作的最低要求在放宽的幅度上要小于沿线国家，负

第五章 "一带一路"倡议对企业出口与投资的门槛值影响实证检验

担也相对更大一些。

但通过数据的检验我们发现，尽管在"一带一路"倡议提出后，企业开展出口和对外直接投资的要素门槛值上都出现了下降。但具体来看，仅在企业开展对外直接投资方面，要素门槛值对我国同沿线国家的放宽程度大于同非沿线国家，即更多参与到对外直接投资中的中国企业选择了投向沿线国家。而在出口方面，尽管要素门槛值放宽的幅度远高于相同要素下的对外直接投资，但这部分新增加的出口企业在对外合作的对象上，依然更多地选择了非沿线国家。事实上，一方面，这表明我国国内政策在对企业走出去方面成效显著，政策支持力度大。但另一方面，又是什么原因造成新加入到国际化业务中的企业在选择合作对象上出现了分化？换句话说，由于"一带一路"倡议首先惠及我国与沿线国家，那么在同样具备"绿色通道"的沿线各国，我国企业在选择合作对象上又会重点考虑哪些方面？不同水平的沿线国家在合作方式上出现了怎样的差异？因此，横向上我国针对沿线国家和非沿线国家在"一带一路"倡议提出后，在合作上又出现了怎样的新变化，还需要在下一章进一步地给予回答。

第四节 本章小结

本章在第四章理论推导和假设的基础上，进一步通过实证回答了在"一带一路"倡议提出后，纵向上对国内企业在开展出口和对外直接投资的最低门槛要求上发生了怎样的影响和效应。

通过实证检验基于理论推导提炼出的三个替代生产率作为门槛值作用的变量，结果表明在实际效果上也是可行的。尽管在替代程度的效果上，三个指标有所差异，数据解释力也不尽相同。但从总体趋势上看，三个替代指标基本都达到了预期效果。一方面，说明新新贸易理论从总体逻辑上符合客观规律，也符合马克思劳动价值论。另一方面，具体采用何种要素来对理论进行进一步的刻画和描述，其核心要素指标生产率作为门槛值的唯一性并非不可替代，也并不完美。

通过实证检验，在"一带一路"倡议提出后，我国有更多数量的企业加入到对外直接投资或出口的行列中，意味着我国企业开展对外业务相比过去更容易。因此，在事实上应验了本书在第四章提出的研究假设，即"一带一路"倡议的效应不仅存在而且效果显著，其事实结果的总效应放宽了我国企业走出去所要达到的最低门槛值要求。

在出口与对外直接投资之间，对企业出口的放宽幅度要大于对企业进行对外直接投资的幅度。因此数据结果支持推论1（a）。

在对外出口方面，新加入到出口行列中的企业，其出口的主要目的地是非沿线国家而不是沿线国家。这说明在"一带一路"倡议提出后，我国企业达到沿线国家出口的最低要求也有所放宽，但幅度明显小于非沿线国家。因此数据结果支持推论2（b）。

在对外直接投资方面，在门槛值放宽的同时，数据结果显示新加入对外直接投资的企业，其投资的主要目的地是沿线国家而不是非沿线国家。虽然我国对于非沿线国家的直接投资的最低要求也有所放宽，但幅度明显小于沿线国家。故而数据结果支持推论3（a）。

第六章 "一带一路"倡议对企业出口与投资影响的异质性

第五章的实证分析验证了第四章的理论推导与研究假设,根据数据反映出的结果,本章重点回答:在"一带一路"倡议的效应下,有更多企业加入出口和对外直接投资的队伍中,但什么原因造成了新加入的企业在合作方式与合作对象的选择上出现了偏差?这种差异是否是由于"一带一路"倡议所造成的?如果是,那么原因又可能是什么?

第一节 引言

根据前文的分析和梳理,"一带一路"倡议效应为国内企业减轻了参与跨国业务的负担,也为企业在同沿线国家开展经贸合作时开辟出一条"绿色通道",从制度和环境上为企业开展国际化业务创造了更佳的营商环境。但同时也要看到,从传统跨国公司理论出发,不论企业是顺向开拓发展中国家市场,还是以学习高端技术和获取品牌为目的而逆向进入发达国家市场,企业参与国际化的真正目的依然是扩大企业的经济利益(吴先明和黄春桃,2016)。如果企业经过预期判断无法盈利,依然不可能参与国际化。因此,即使在"一带一路"倡议效应发挥出积极作用的当下,企业仍然需要根据自身发展的切实需要寻求合作伙伴以及选择合作的方式,从而实现合作共赢。故而东道国本身经济社会的发展水平、营商环境等基本要素必然成为企业考虑的重要因素。

本章主要从以下两个方面开展探究：

第一，对第五章由数据结果所反映出的新问题进行探究。本书认为，"一带一路"倡议的效应给我国各个产业都带来了影响，对沿线国家在制度保障和营商环境方面发挥出了积极影响，但对非沿线国家并没有产生太多影响。根据常理推断，与相同发展水平的国家进行合作，企业应偏向于制度较稳定、营商环境相对清廉的国家；在双边制度环境保障程度相差不大的情况下，企业则应偏向于市场经济规模较大或是经济发展水平较高的国家。故而为更好地探究新加入国际化业务中的企业在寻求合作国家上出现偏好的原因，本节重点考虑将相同收入水平的沿线国家与非沿线国家在"一带一路"倡议提出后出口和对外直接投资上的变化进行对比，从而在横向上更好地探究我国对于不同发展水平的沿线国家在出口与对外直接投资上出现选择差异的原因。

第二，借助"一带一路"这个多边跨国平台，我国在同沿线主要伙伴国家开展经贸合作时，本着双方经贸发展的现实考虑，需要进一步具体到产业层面，即东道国立足于自身国家发展的需要，可能优先发展的产业，自身优势产业又有哪些新目标，以及中国在双边深化合作等层面出台了哪些便利化的配套政策、双方已经在哪些领域重点开展了合作项目等，都需要进一步加以明确。进而可以相对更全面地研究在"一带一路"倡议的影响下，与沿线国家开展合作的新企业开展双边贸易和投资的主要方向、模式以及选择对象上出现的差异。

因此，本章结合前文"一带一路"沿线国家子样本的经贸合作程度、营商环境和社会发展水平，国家商务部、发改委、外交部等部门的政策性文件，以及相关的数据报告等，筛选出今后一个时期内中国主要经贸伙伴和投资热点国家，对东道国在"一带一路"倡议提出后可能需要重点发展或优先发展的产业，以及中方目前与之进行的合作项目、近期已签订或正在商谈拟定的合作协定等文献进行梳理，从而探求我国与不同发展水平的沿线国家在合作模式上出现差异的原因。

第二节 "一带一路"倡议对沿线国家合作模式的影响

基于前文的分析和判断,从事对外直接投资的企业往往是行业中最具优势的企业。本书认为在我国,开展对外直接投资业务的很可能是以大中型企业为主的国有企业或国有控股企业,因而受政策的影响较大,针对性也更强。因此,在"一带一路"倡议的指引下,对沿线国家开展投资的中国企业不论是从企业数量上还是投资力度上都必将更加凸显;而对于从事出口的企业,则存在较大差异。因为其中除了符合新新贸易理论的生产率较高的一般出口贸易企业外,还有大量服务加工型出口企业,这类企业主要集中于外资企业和劳动密集型产业,其特点为不仅生产率低于一般出口企业甚至低于非出口企业,且利润率和支付工资都较低,较少进行新产品研发(戴觅、余淼杰,2014),即所谓的"出口—生产率悖论"型企业。而沿线国家中也有大量发展相对落后的发展中国家,其所能生产的也多为服务加工型产品,因而如果在"一带一路"倡议提出后,我国的服务加工型企业再加大对此类沿线国家的出口,势必造成产品同质化加重,贸易摩擦加剧。因而,尽管国内加工贸易企业的出口门槛有所降低,但出口对象应会有所变化,或是出口转内销,或是出口到非沿线国家,而一般优质的出口贸易企业则不受影响。

一、研究假设

根据第三章我国在出口和对外直接投资上的特征变化和主要合作伙伴的发展态势,对沿线主要伙伴国家的对外直接投资上,有两个主要的节点值得注意:一是 2007 年前后,我国对沿线国家出现了一次较大幅度的投资,出现该次变化的原因可能是为了消除国际金融危机的影响,我国推出了"4 万亿"的基本设施投资政策。二是 2013 年之后,也出现了不同程度的变化,而这个变化的出现很可能与"一带一路"倡议的提出有关联。在出口贸易方面,2013 年以来,沿线国家中的前十大贸易伙伴,在对全部"一带一路"沿线国家出口中的占比出现较为明显的下降,笔者认为这可能与我国实施"一带一路"倡议也有重大关联。

因此，在定性梳理和定量实证的基础上，本书进一步提出如下可能性假设和推论：

H2："一带一路"倡议提出后，相比非沿线国家，我国对"一带一路"沿线国家在出口和对外直接投资合作力度上的变化，可能更明显。

推论1（a）：对于沿线高收入国家，我国在出口上的合作力度可能进一步增强。

推论1（b）：对于沿线高收入国家，我国在对外直接投资上的合作力度可能进一步增强。

推论2（a）：对于沿线中高收入国家，我国在出口上的合作力度可能进一步增强。

推论2（b）：对于沿线中高收入国家，我国在对外直接投资上的合作力度可能进一步增强。

推论3（a）：对于沿线中低收入和低收入国家，我国在出口上的合作力度可能进一步减弱。

推论3（b）：对于沿线中低收入和低收入国家，我国在对外直接投资上的合作力度可能进一步减弱。

二、模型设定与指标说明

（一）模型设定

根据前文的分析和判断，为进一步验证可能性H2，本书设立如下经验方程：

$$LnY_{ct} = \alpha_0 + \beta_{1g}\sum_{j}^{i} C_{ig} \times T_j + \sum \delta_i \times \Gamma_{ct} + \sum \varphi_i \times K_{ct} + \varepsilon_{jct} \quad (6-1)$$

其中，j、c、t、g分别表示时间节点前后、国家、时间和国家收入类别（$g=1$表示低收入国家；$g=2$表示中低收入国家；$g=3$表示中高收入国家；$g=4$表示高收入国家）。Y表示中国对该国的经贸合作模式，分别为中国对该国加权后的出口贸易额（Trade）和中国对该国的直接投资额净值（FDI）。α_0为常数项，$industry$表示中国行业层面的变量，主要包括资本密集度水平、企业规模、利润率、出口占比等。T_i为分类变量，$T=1$表示实施"一带一路"倡议以后（即2013年以后），$T=0$表示实施"一带一路"倡议以前。K_{ct}表示两组控制变量，分别由两个部分组成：一是主要的市场经济水平指标，包括该国的市场规模、市

第六章 "一带一路"倡议对企业出口与投资影响的异质性

场潜力指数、历年通胀率、自然资源等；二是东道国宏观制度环境与营商环境等指标，包括国家社会治安水平和政局稳定、营商环境和外来企业发展适宜程度等制度方面。ε_{jct}代表其他未知影响因素。

（二）指标解释

1. 不同收入水平的国家划分

本书根据世界银行 2015 年对国别收入的一个划分，将人均年收入（GNI）低于 1024 美元的国家和地区定义为低收入国家；将人均年收入为 1025~4035 美元的国家定义为中低收入国家；将人均年收入为 4036~12476 美元的国家定义为中高收入国家；将人均年收入高于 12476 美元的国家定义为高收入国家。同时，将第三章中划定的 67 个国家：其中 2 个低收入国家、22 个中低收入国家、19 个中高收入国家、24 个高收入国家作为沿线国家，将剩余的 101 个国家作为非沿线国家分别建立子样本。

2. 各东道国国家的市场与资源类指标

主要包括：与中国有经贸往来国家和地区的市场规模（lnGDP）用 GDP 的对数表示，市场潜力（GDP Rate）用 GDP 的增长率水平表示，该国历年来的通货膨胀率水平用该国的居民消费价格指数（CPI）表示，自然资源（Resource）用该国当年燃料出口、矿石和金属出口之和占该国总出口的比重表示。

3. 各东道国国家的制度指标

东道国制度指标选择与本书第五章一致，主要体现在两个方面：一是国家的宏观政局是否稳定、暴恐发生的概率高低等，也就是总体的社会稳定和治安状况情况，主要用政治稳定和暴恐/暴力的缺失（Political Stability and Absonse of Violonce/Terrorism）指标表示。二是该国对企业经营发展的制度指标，即控制腐败（Control of Corruption）和质量监管（Regulatory Quality）。

（三）数据来源

贸易数据主要来源于联合国贸易和发展数据库（UNCTAD）和 CEIC 数据库。关于东道国的国家制度环境和营商情况的数据，主要来源于世界银行和美国传统基金会（The Heritage Foundation）等。对于中国对外直接投资数据，重点参考了商务部、国家统计局等权威部门的相关数据。其他的一些具体数据，其来源已在前文的数据来源中进行了翔实的说明，这里不再赘述。各指标的主要描述性统计见表 6-1。

表 6-1 变量的描述性统计

变量		变量含义	观测样本	均值	方差	最大值	最小值
被解释变量	ln_FDI	FDI 对数	2191	-4.91	3.71	8.34	-15.26
	ln_trd	出口对数	2815	4.18	2.50	10.78	6.90
沿线国家	g1	低收入国家	2979	0.029	0.028	1	0
	g2	中低收入国家	2979	0.333	0.222	1	0
	g3	中高收入国家	2979	0.275	0.200	1	0
	g4	高收入国家	2979	0.362	0.231	1	0
非沿线国家	g1	低收入国家	4274	0.232	0.178	1	0
	g2	中低收入国家	4274	0.192	0.155	1	0
	g3	中高收入国家	4274	0.273	0.198	1	0
	g4	高收入国家	4274	0.303	0.211	1	0
控制变量	ln_GDP	GDP 对数	2314	5.79	2.29	12.13	0.24
	GDP_rate	GDP 增长率	2343	3.96	5.09	54.16	-62.08
	CPI	通货膨胀	2314	6.07	8.55	84.89	-29.69
	resource	自然资源禀赋	2324	22.48	29.17	99.99	0
	corruption	控制腐败	2347	-0.03	1.03	2.47	-1.81
	admin	监管质量	2345	0.01	0.99	2.26	-2.34
	steady	社会稳定	2349	-0.08	0.99	1.69	-3.18

资料来源：笔者利用 Stata 软件计算得到。

三、实证检验与结果分析

（一）对外直接投资方面

1. "一带一路"倡议实施后沿线低收入国家的变化

表 6-2 是"一带一路"倡议实施后，我国与"一带一路"沿线低收入国家在对外直接投资上相对于非沿线低收入国家同期变化的对比实证回归结果。该组仅有两个国家，即阿富汗和尼泊尔，我国对尼泊尔在各组系数上的变化均显著，在分别控制住不同约束变量组后，数据结果变化不大，表明数据结果较为稳健，符合本书基本假设。这说明"一带一路"倡议实施后，中国对尼泊尔的投资，与相同低收

入水平的非沿线国家相比提高得更快,表明"一带一路"倡议在中国与尼泊尔政府间的制度保障,对我国企业开展在尼泊尔的投资成效显著。对于阿富汗,在"一带一路"倡议提出后,各组结果数据均不显著且均为负值,数据解释力不足,所以我国与阿富汗在实施"一带一路"倡议后出现的变化,数据不能较好地解释。

表6-2 对沿线低收入国家的对外直接投资变化基准检验

	被解释变量:对外直接投资(对数形式)			
	(1)	(2)	(3)	(4)
实施"一带一路"倡议后×阿富汗(对比值)	-1.357 (1.572)	-1.142 (1.563)	-1.496 (1.626)	-1.069 (1.602)
实施"一带一路"倡议后×尼泊尔(对比值)	2.270*** (0.788)	2.247*** (0.706)	2.806*** (0.764)	2.386*** (0.664)
ln_GDP		1.426*** (0.158)		1.431*** (0.174)
GDP_rate		0.052*** (0.020)		0.054** (0.023)
CPI		-0.032 (0.027)		-0.039 (0.025)
resource		0.003 (0.006)		0.005 (0.006)
corruption			-0.106 (0.586)	-0.099 (0.390)
admin			0.507 (0.426)	-0.577 (0.398)
steady			-0.887** (0.362)	-0.290 (0.249)
Constant	-6.429*** (0.269)	-12.466*** (0.722)	-14.028 (11.736)	-20.139** (9.074)
Observations	156	151	156	151
R-squared	0.022	0.530	0.079	0.561

注:*、**、***分别表示在10%、5%、1%的显著性水平下显著,括号内的数值为对应估计值的t统计量。

资料来源:笔者利用Stata软件计算所得。

2. "一带一路"倡议实施后沿线中低收入国家的变化

表6-3是"一带一路"倡议实施后,我国与沿线中低收入国家在对外直接投资上相对于非沿线中低收入国家同期变化的对比实证回归结果。该组共有22个国家,其中在加入所有控制因素后,即第(4)列数据依然显著的有柬埔寨、东帝汶、老挝、蒙古、菲律宾、缅甸、约旦、塔吉克斯坦、格鲁吉亚、孟加拉国10个国家,符合本书基本假设,说明"一带一路"倡议实施后,中国对以上国家的对外直接投资,相较于同等收入水平的非沿线国家,变化更为明显。其中,数据显示为负值的有柬埔寨、东帝汶、老挝、蒙古、菲律宾、缅甸6个国家;数据显示为正值的有约旦、塔吉克斯坦、格鲁吉亚、孟加拉国4个国家,这表明我国在对中低收入的沿线国家的投资上,相比同期中低收入的非沿线国家更多地出现减弱态势。

表6-3 对沿线中低收入国家对外直接投资变化基准检验

	被解释变量:对外直接投资(对数形式)			
	(1)	(2)	(3)	(4)
实施"一带一路"倡议后×孟加拉国(对比值)	0.961* (0.805)	-0.046 (0.548)	1.339* (0.775)	0.123** (0.523)
实施"一带一路"倡议后×柬埔寨(对比值)	-0.087 (0.688)	-1.076*** (0.387)	0.084* (0.554)	-1.273*** (0.446)
实施"一带一路"倡议后×东帝汶(对比值)	-1.674 (1.039)	-2.282*** (0.866)	-1.358 (1.078)	-2.077** (0.877)
实施"一带一路"倡议后×印度(对比值)	0.389 (0.924)	-0.196 (0.757)	0.743 (0.781)	-0.299 (0.685)
实施"一带一路"倡议后×印度尼西亚(对比值)	0.685 (0.849)	0.321 (0.639)	0.889 (0.722)	0.435 (0.604)
实施"一带一路"倡议后×约旦(对比值)	1.578** (1.616)	0.868** (1.498)	1.783** (1.500)	0.853* (1.433)
实施"一带一路"倡议后×吉尔吉斯斯坦(对比值)	0.048 (0.724)	-0.460 (0.449)	0.432 (0.562)	-0.754 (0.482)
实施"一带一路"倡议后×老挝(对比值)	0.376 (0.762)	-0.709 (0.473)	1.057 (0.680)	-0.807* (0.488)

续表

	被解释变量：对外直接投资（对数形式）			
	（1）	（2）	（3）	（4）
实施"一带一路"倡议后×蒙古（对比值）	－0.679 (1.001)	－2.193*** (0.811)	－0.281* (0.952)	－1.578* (0.834)
实施"一带一路"倡议后×缅甸（对比值）	－0.598 (0.775)	－1.044** (0.513)	－0.680 (0.913)	－0.204* (0.759)
实施"一带一路"倡议后×巴基斯坦（对比值）	0.589 (0.865)	－0.154 (0.663)	1.202 (0.818)	－0.225 (0.750)
实施"一带一路"倡议后×菲律宾（对比值）	－0.933 (0.905)	－1.842** (0.748)	－0.409 (0.978)	－1.858** (0.777)
实施"一带一路"倡议后×斯里兰卡（对比值）	0.212 (0.896)	－0.346 (0.781)	0.606 (0.754)	－0.447 (0.890)
实施"一带一路"倡议后×塔吉克斯坦（对比值）	1.103* (1.087)	0.451* (0.893)	1.487* (0.913)	0.397* (0.840)
实施"一带一路"倡议后×乌兹别克斯坦（对比值）	0.295 (0.756)	－0.563 (0.509)	0.872 (0.698)	－0.654 (0.483)
实施"一带一路"倡议后×越南（对比值）	0.758 (0.761)	0.109 (0.560)	0.656 (0.652)	0.345 (0.599)
实施"一带一路"倡议后×也门共和国（对比值）	0.614 (1.716)	0.300 (1.536)	0.101 (2.065)	0.152 (1.597)
实施"一带一路"倡议后×肯尼亚（对比值）	0.642 (0.836)	－0.344 (0.668)	0.637 (0.738)	－0.446 (0.705)
实施"一带一路"倡议后×亚美尼亚（对比值）	－0.263 (0.672)	－0.615 (0.385)	－0.446 (0.570)	－0.402 (0.463)
实施"一带一路"倡议后×格鲁吉亚（对比值）	1.420 (1.524)	0.940 (1.514)	2.317* (1.598)	1.268** (1.563)
实施"一带一路"倡议后×摩尔多瓦（对比值）	0.765 (1.054)	1.419 (0.863)	1.677 (0.984)	1.478 (0.988)
实施"一带一路"倡议后×乌克兰（对比值）	0.695 (0.943)	0.524 (0.727)	1.122 (1.193)	1.655 (0.884)
ln_GDP		1.284*** (0.113)		1.435*** (0.129)

续表

	被解释变量：对外直接投资（对数形式）			
	(1)	(2)	(3)	(4)
GDP_rate		0.028		0.048
		(0.043)		(0.049)
CPI		0.021		0.028
		(0.019)		(0.018)
resource		0.020***		0.014**
		(0.005)		(0.006)
corruption			-2.689***	-0.470
			(0.655)	(0.550)
admin			1.919***	-0.844
			(0.708)	(0.609)
steady			-1.150***	0.628**
			(0.362)	(0.303)
Constant	-5.382***	-13.264***	-17.441**	-22.532***
	(0.505)	(0.746)	(8.711)	(7.058)
Observations	273	264	273	264
R-squared	0.514	0.844	0.713	0.852

注：*、**、***分别表示在10%、5%、1%的显著性水平下显著，括号内的数值为对应估计值的t统计量。

资料来源：笔者利用Stata软件计算所得。

对于沿线低收入和中低收入国家，其经济社会发展水平整体上较为落后，在本书的沿线国家样本中共有24个低收入和中低收入国家。通过实证检验，其中11个国家符合本书的基本假设，即在"一带一路"倡议提出后，与相同水平下的非沿线国家相比其变化较为明显。其中，数据显示为负值的占多数，故而满足本章的推论3（b），说明相对于低收入和中低收入水平的非沿线国家，我国对其在对外直接投资上的合作力度，在"一带一路"倡议提出后总体上呈现减弱态势。这与我们在本章引言中基于常理的判断较为一致，即在同属沿线国家且我国与其均建立了较好的双边制度的环境下，企业往往偏向于经济发展条件更好或者规模更大的市场。

3. "一带一路"倡议实施后沿线中高收入国家的变化

表6-4是"一带一路"倡议实施后,我国与沿线中高收入国家在对外直接投资上相对于非沿线中高收入国家同期变化的对比实证回归结果。该组共有19个国家,其中在加入所有控制因素后,即第(4)列数据依然显著的有伊拉克、马来西亚、土耳其、克罗地亚、塞尔维亚、马其顿、伊朗、泰国、白俄罗斯9个国家满足本书的基本假设,说明"一带一路"倡议提出后,我国对沿线中高收入国家在对外直接投资模式上的合作力度,相比相同水平下的非沿线国家变化更为明显,符合可能性假设。进一步地,在这9个满足假设的国家中,系数发生下降的只有伊拉克1个国家,其余8个国家系数均为正,满足本章的推论2(b)。这表明相比同期中高收入的非沿线国家,我国同沿线中高收入国家在对外直接投资上合作力度有别于中低收入和低收入沿线国家,不是减弱而是有所增强。

表6-4 对沿线中高收入国家对外直接投资变化基准检验

	被解释变量:对外直接投资(对数形式)			
	(1)	(2)	(3)	(4)
实施"一带一路"倡议后×伊朗(对比值)	0.104*	0.199	0.903**	0.049*
	(0.643)	(0.383)	(0.565)	(0.391)
实施"一带一路"倡议后×伊拉克(对比值)	-0.644	-1.256*	-1.287	-1.576**
	(0.891)	(0.684)	(0.888)	(0.638)
实施"一带一路"倡议后×哈萨克斯坦(对比值)	0.867	0.617	0.271	0.436
	(1.389)	(1.138)	(0.730)	(0.949)
实施"一带一路"倡议后×黎巴嫩(对比值)	-0.006	-0.419	-0.089	-0.642
	(0.970)	(0.800)	(0.953)	(0.702)
实施"一带一路"倡议后×马来西亚(对比值)	2.121***	1.823***	1.901***	1.622***
	(0.679)	(0.510)	(0.638)	(0.571)
实施"一带一路"倡议后×泰国(对比值)	1.068	0.672	1.445**	0.821*
	(0.686)	(0.551)	(0.640)	(0.550)
实施"一带一路"倡议后×土库曼斯坦(对比值)	1.775	1.068	0.691	0.538
	(1.382)	(1.486)	(1.514)	(1.712)
实施"一带一路"倡议后×土耳其(对比值)	2.832***	2.472***	2.090***	2.711***
	(1.028)	(0.865)	(0.656)	(0.779)

续表

	被解释变量：对外直接投资（对数形式）			
	（1）	（2）	（3）	（4）
实施"一带一路"倡议后×阿尔巴尼亚（对比值）	-0.301 (1.977)	-0.358 (1.878)	0.702 (1.998)	-0.707 (1.956)
实施"一带一路"倡议后×阿塞拜疆（对比值）	1.732 (1.683)	1.544 (1.465)	0.851 (1.850)	0.992 (1.634)
实施"一带一路"倡议后×白俄罗斯（对比值）	1.621** (0.770)	1.223* (0.737)	1.472* (0.750)	0.264* (0.649)
实施"一带一路"倡议后×保加利亚（对比值）	0.209 (0.741)	0.116 (0.601)	-0.593 (0.623)	0.077 (0.575)
实施"一带一路"倡议后×克罗地亚（对比值）	3.598*** (0.821)	3.657*** (0.636)	3.472*** (0.785)	3.154*** (0.634)
实施"一带一路"倡议后×马其顿（对比值）	2.111 (1.540)	1.896 (1.508)	2.777* (1.667)	2.105** (1.606)
实施"一带一路"倡议后×罗马尼亚（对比值）	1.886 (1.491)	1.772 (1.461)	1.580 (1.474)	1.346 (1.429)
实施"一带一路"倡议后×俄罗斯（对比值）	0.918 (0.650)	0.836* (0.489)	0.736 (0.623)	0.288 (0.487)
实施"一带一路"倡议后×塞尔维亚（对比值）	3.392*** (0.867)	3.281*** (0.788)	4.094*** (0.845)	3.309*** (0.809)
实施"一带一路"倡议后×黑山（对比值）	0.124 (0.681)	0.003 (0.502)	-1.142 (0.777)	0.133 (0.554)
实施"一带一路"倡议后×斐济（对比值）	1.119 (0.977)	0.783 (0.798)	1.994 (0.948)	0.335 (0.712)
ln_GDP		1.239*** (0.080)		1.427*** (0.086)
GDP_rate		-0.041 (0.037)		-0.039 (0.030)
CPI		0.001 (0.012)		-0.014 (0.010)
resource		0.007 (0.005)		0.003 (0.007)

续表

	被解释变量：对外直接投资（对数形式）			
	(1)	(2)	(3)	(4)
corruption			0.592	1.990***
			(0.596)	(0.423)
admin			1.023**	-1.336***
			(0.477)	(0.298)
steady			-2.525***	-0.062
			(0.395)	(0.425)
Constant	-4.547***	-11.273***	-15.525	-17.870***
	(0.411)	(0.491)	(10.527)	(6.773)
Observations	286	274	286	274
R-squared	0.450	0.829	0.564	0.852

注：*、**、***分别表示在10%、5%、1%的显著性水平下显著，括号内的数值为对应估计值的 t 统计量。

资料来源：笔者利用 Stata 软件计算所得。

4. "一带一路" 倡议实施后沿线高收入国家和地区的变化

表 6-5 是 "一带一路" 倡议实施后，我国与沿线高收入国家和地区在对外直接投资上相对于非沿线高收入国家同期变化的对比实证回归结果。该组共有 25 个国家和地区，其中在加入所有控制因素后，即第（4）列数据依然显著的有以色列、爱沙尼亚、斯洛文尼亚、拉脱维亚、斯洛文尼亚、马耳他六个国家，满足本书的基本假设。这说明 "一带一路" 倡议实施后，中国对以上国家的对外直接投资，与相同水平的非沿线国家相比变化更为明显且结果均为正，满足本章的推论 1（b）。该结论表明，我国相比同期高收入的非沿线国家，我国同沿线国家在对外直接投资上的合作力度在 "一带一路" 倡议实施后也出现了增强态势。

表 6-5 对沿线高收入国家和地区对外直接投资变化基准检验

	被解释变量：对外直接投资（对数形式）			
	(1)	(2)	(3)	(4)
实施 "一带一路" 倡议后 × 巴林（对比值）	-0.134	-1.121	-0.437	-1.324
	(1.110)	(0.786)	(1.660)	(0.785)

续表

	被解释变量：对外直接投资（对数形式）			
	(1)	(2)	(3)	(4)
实施"一带一路"倡议后×文莱（对比值）	-0.168 (1.428)	0.399 (1.147)	1.901 (2.085)	0.629 (1.262)
实施"一带一路"倡议后×塞浦路斯（对比值）	-1.340 (1.487)	-0.992 (1.286)	-0.230 (1.695)	-0.692 (1.328)
实施"一带一路"倡议后×中国香港（对比值）	0.013 (0.759)	-0.206 (0.365)	-0.527 (0.578)	-0.576 (0.388)
实施"一带一路"倡议后×以色列（对比值）	1.882* (1.634)	1.656* (1.495)	2.861* (1.711)	1.799* (1.503)
实施"一带一路"倡议后×科威特（对比值）	0.447 (0.836)	-0.165 (1.202)	-0.458 (0.970)	-0.335 (1.204)
实施"一带一路"倡议后×阿曼（对比值）	-0.541 (0.864)	-0.659 (0.567)	-0.045 (0.829)	-0.842 (0.651)
实施"一带一路"倡议后×卡塔尔（对比值）	0.148 (0.972)	-0.796 (0.952)	-0.701 (0.825)	-1.061 (0.892)
实施"一带一路"倡议后×沙特阿拉伯（对比值）	-0.119 (1.084)	-0.909 (1.251)	-0.336 (0.994)	-0.806 (1.256)
实施"一带一路"倡议后×新加坡（对比值）	-0.007 (0.858)	-0.277 (0.588)	-0.727 (0.748)	-0.683 (0.603)
实施"一带一路"倡议后×阿拉伯联合酋长国（对比值）	0.299 (0.876)	0.229 (0.668)	-2.209** (0.992)	-0.305 (0.759)
实施"一带一路"倡议后×捷克（对比值）	-1.403 (1.110)	-1.216 (0.881)	-0.767 (1.228)	-0.923 (0.842)
实施"一带一路"倡议后×爱沙尼亚（对比值）	0.799 (0.734)	1.082*** (0.370)	1.667** (0.667)	1.268*** (0.381)
实施"一带一路"倡议后×希腊（对比值）	0.708 (1.356)	1.250 (1.294)	1.609 (1.585)	1.528 (1.352)
实施"一带一路"倡议后×匈牙利（对比值）	-1.428 (1.181)	-1.300 (1.014)	0.168** (1.120)	-1.070 (1.084)
实施"一带一路"倡议后×意大利（对比值）	-0.429 (1.181)	-0.242 (1.001)	-0.318 (1.164)	-0.202 (1.016)

续表

	被解释变量：对外直接投资（对数形式）			
	（1）	（2）	（3）	（4）
实施"一带一路"倡议后×拉脱维亚（对比值）	1.252 (0.848)	1.385** (0.556)	1.580** (0.836)	1.381** (0.577)
实施"一带一路"倡议后×立陶宛（对比值）	-0.252 (0.798)	-0.451 (0.502)	-0.699 (0.896)	-0.531 (0.580)
实施"一带一路"倡议后×马耳他（对比值）	0.203 (2.034)	-0.186 (1.863)	1.165 (2.054)	0.124** (1.865)
实施"一带一路"倡议后×波兰（对比值）	-0.449 (0.916)	-0.445 (0.639)	-1.568** (0.795)	-0.478 (0.662)
实施"一带一路"倡议后×斯洛伐克（对比值）	-0.601* (1.661)	-0.580* (1.500)	0.087* (1.518)	-0.409 (1.498)
实施"一带一路"倡议后×斯洛文尼亚（对比值）	-0.163 (0.945)	0.019** (0.674)	0.452** (0.837)	0.021** (0.682)
实施"一带一路"倡议后×西班牙（对比值）	-0.243 (0.845)	0.053 (0.558)	3.577 (1.139)	-0.025 (0.745)
实施"一带一路"倡议后×瑞士（对比值）	0.937 (0.888)	0.896 (0.640)	0.580 (0.791)	0.774 (0.713)
实施"一带一路"倡议后×智利（对比值）	-0.824 (1.047)	-0.969 (0.851)	-0.592 (1.339)	-0.993 (0.850)
ln_GDP		1.562*** (0.058)		1.415*** (0.091)
GDP_rate		-0.011 (0.037)		-0.010 (0.034)
CPI		-0.015 (0.034)		-0.021 (0.034)
resource		-0.017** (0.007)		-0.019*** (0.007)
corruption			0.902* (0.519)	-0.677* (0.383)
admin			4.585*** (0.435)	1.315*** (0.385)

续表

	被解释变量：对外直接投资（对数形式）			
	(1)	(2)	(3)	(4)
steady			-5.363***	-0.026
			(0.724)	(0.678)
Constant	-2.429***	-13.343***	-11.328	-19.033**
	(0.549)	(0.546)	(10.486)	(7.577)
Observations	363	356	363	356
R-squared	0.306	0.848	0.698	0.855

注：*、**、***分别表示在10%、5%、1%的显著性水平下显著，括号内的数值为对应估计值的 t 统计量。

资料来源：笔者利用 Stata 软件计算所得。

对于沿线中高收入和高收入国家和地区，其社会发展水平与中国接近甚至更高。本书的中高收入和高收入"一带一路"沿线国家样本共有 44 个（其中包含参加"一带一路"高峰论坛而暂未纳入沿线国家中的瑞士、意大利、智利、西班牙、希腊）。通过实证检验发现，我国与其中部分国家在对外直接投资上的合作相比同期相同发展水平的非沿线国家变化明显，符合本书的基本假设。说明"一带一路"倡议对我国开展同沿线国家的对外直接投资合作上，发挥出了积极有效的作用，且在合作力度上呈现增强态势。与此同时，我们注意到，2017 年参加了"一带一路"高峰论坛而暂未纳入沿线国家中的 7 个国家，由于暂时还未受到"一带一路"倡议的影响，从常理推断，数据结果不能反映出相比同等发展水平的非沿线国家在合作力度上有了更明显的变化，我们从数据结果上看也确实如此。一方面，说明相比未纳入的国家，我国与已经纳入"一带一路"倡议的沿线国家，在合作力度上已经出现了较为明显的变化。本书的研究结果如实地刻画和反映了这一事实。另一方面，该数据结果也在一定程度上表明本书的研究与客观现实吻合较好，可信度较高。

（二）出口贸易方面

1."一带一路"倡议实施后沿线低收入国家的变化

表 6-6 是"一带一路"倡议实施后，我国与沿线低收入国家在出口上的变化，相对于非沿线低收入国家同期变化的对比实证回归结果，该组仅有两个国

家,且数据基本显著,符合本书基本假设。这表明"一带一路"倡议实施以后,相比非沿线相同发展水平国家,我国对以上两国的出口出现明显变化。同时,数据结果为负,符合本书的基本预期,表明"一带一路"倡议提出后,与同期低收入的非沿线国家相比,中国对沿线低收入国家的出口出现下降,满足本章的推论3(a)。

表6-6 对沿线低收入国家的出口变化基准检验

	被解释变量:出口(对数形式)			
	(1)	(2)	(3)	(4)
实施"一带一路"倡议后×阿富汗(对比值)	-0.179	-0.336***	-0.374***	-0.302***
	(0.110)	(0.098)	(0.087)	(0.092)
实施"一带一路"倡议后×尼泊尔(对比值)	-0.144	-0.184	-0.307**	-0.888***
	(0.152)	(0.142)	(0.145)	(0.147)
ln_GDP		0.911***		0.840***
		(0.026)		(0.024)
GDP_rate		0.009		-0.007
		(0.006)		(0.006)
CPI		-0.019***		-0.009***
		(0.003)		(0.002)
resource		-0.009***		-0.012***
		(0.001)		(0.001)
corruption			-0.417***	-0.149**
			(0.087)	(0.076)
admin			0.883***	0.029
			(0.052)	(0.049)
steady			0.484***	0.794***
			(0.045)	(0.035)
Constant	2.104***	-1.049***	-7.949***	-8.226***
	(0.037)	(0.111)	(0.370)	(0.321)
Observations	4197	4137	4197	4137
R-squared	0.112	0.382	0.361	0.537

注:*、**、***分别表示在10%、5%、1%的显著性水平下显著,括号内的数值为对应估计值的t统计量。

资料来源:笔者利用Stata软件计算所得。

2. "一带一路"倡议实施后沿线中低收入国家的变化

表6-7是"一带一路"倡议实施后,我国与沿线中低收入国家在出口上相对于非沿线国家同期变化的对比实证回归结果。该组有22个国家,在加入所有限制性约束条件下,即第(4)列进行统计后发现,孟加拉国、东帝汶、印度、印度尼西亚、约旦、吉尔吉斯斯坦、蒙古、缅甸、巴基斯坦、菲律宾、斯里兰卡、乌兹别克斯坦、越南、也门、摩尔多瓦、格鲁吉亚、乌克兰17个国家与中低收入的非沿线国家相比变化显著,满足本书的基本假设。其中,孟加拉国、印度、印度尼西亚、约旦、吉尔吉斯斯坦、蒙古、缅甸、巴基斯坦、菲律宾、斯里兰卡、乌兹别克斯坦、越南、也门、摩尔多瓦、乌克兰共15个国家的出口出现下降。

表6-7 对沿线中低收入国家出口变化基准检验

	被解释变量:出口(对数形式)			
	(1)	(2)	(3)	(4)
实施"一带一路"倡议后×孟加拉国(对比值)	-0.046 (0.103)	-0.288*** (0.054)	0.464*** (0.083)	-0.238*** (0.046)
实施"一带一路"倡议后×柬埔寨(对比值)	0.150 (0.107)	-0.065 (0.058)	0.438*** (0.075)	-0.068 (0.054)
实施"一带一路"倡议后×东帝汶(对比值)	1.092*** (0.200)	0.858*** (0.157)	0.957*** (0.158)	0.818*** (0.135)
实施"一带一路"倡议后×印度(对比值)	-0.171 (0.117)	-0.273*** (0.062)	0.072 (0.065)	-0.278*** (0.043)
实施"一带一路"倡议后×印度尼西亚(对比值)	-0.239** (0.102)	-0.403*** (0.047)	0.283*** (0.072)	-0.380*** (0.049)
实施"一带一路"倡议后×约旦(对比值)	-0.301*** (0.103)	-0.486*** (0.055)	-0.352*** (0.076)	-0.445*** (0.054)
实施"一带一路"倡议后×吉尔吉斯斯坦(对比值)	-0.409*** (0.151)	-0.543*** (0.106)	-0.232** (0.105)	-0.567*** (0.089)
实施"一带一路"倡议后×老挝(对比值)	0.529*** (0.133)	-0.115 (0.095)	0.989*** (0.108)	-0.045 (0.096)
实施"一带一路"倡议后×蒙古(对比值)	-0.343** (0.143)	-0.734*** (0.098)	-0.405*** (0.113)	-0.656*** (0.095)
实施"一带一路"倡议后×缅甸(对比值)	0.241** (0.108)	-0.231*** (0.055)	-0.521*** (0.089)	-0.261*** (0.069)

续表

	被解释变量：出口（对数形式）			
	（1）	（2）	（3）	（4）
实施"一带一路"倡议后×巴基斯坦（对比值）	-0.148 (0.101)	-0.199*** (0.052)	-0.293*** (0.105)	-0.236*** (0.054)
实施"一带一路"倡议后×菲律宾（对比值）	-0.054 (0.100)	-0.224*** (0.049)	0.579*** (0.079)	-0.208*** (0.050)
实施"一带一路"倡议后×斯里兰卡（对比值）	-0.176* (0.101)	-0.451*** (0.049)	0.582*** (0.091)	-0.373*** (0.059)
实施"一带一路"倡议后×塔吉克斯坦（对比值）	0.342* (0.186)	0.092 (0.135)	0.505 (0.143)	0.148 (0.118)
实施"一带一路"倡议后×乌兹别克斯坦（对比值）	0.124 (0.125)	-0.362*** (0.067)	1.083*** (0.099)	-0.225*** (0.061)
实施"一带一路"倡议后×越南（对比值）	0.412*** (0.114)	0.066 (0.058)	0.334*** (0.065)	0.114** (0.048)
实施"一带一路"倡议后×也门（对比值）	-0.499*** (0.110)	-0.535*** (0.075)	-1.454*** (0.120)	-0.532*** (0.081)
实施"一带一路"倡议后×肯尼亚（对比值）	0.423*** (0.120)	0.124* (0.066)	0.499*** (0.074)	0.118 (0.058)
实施"一带一路"倡议后×亚美尼亚（对比值）	-0.214 (0.139)	-0.104 (0.090)	-0.447*** (0.094)	-0.110 (0.075)
实施"一带一路"倡议后×格鲁吉亚（对比值）	0.619*** (0.151)	0.605*** (0.095)	0.659*** (0.095)	0.593*** (0.070)
实施"一带一路"倡议后×摩尔多瓦（对比值）	-0.405*** (0.130)	-0.422*** (0.083)	-1.043*** (0.101)	-0.606*** (0.075)
实施"一带一路"倡议后×乌克兰（对比值）	-0.965*** (0.116)	-0.478*** (0.058)	-2.753*** (0.155)	-0.689*** (0.063)
ln_GDP		1.076*** (0.009)		0.911*** (0.011)
GDP_rate		0.002 (0.002)		0.017*** (0.002)
CPI		0.002 (0.001)		0.006*** (0.001)

续表

	被解释变量：出口（对数形式）			
	（1）	（2）	（3）	（4）
resource		-0.003***		-0.002***
		(0.000)		(0.000)
corruption			-1.361***	-0.304***
			(0.057)	(0.038)
admin			1.869***	0.358***
			(0.078)	(0.052)
steady			-1.102***	-0.095***
			(0.041)	(0.022)
Constant	2.874***	-2.118***	-6.006***	-6.753***
	(0.045)	(0.049)	(0.234)	(0.148)
Observations	6888	6756	6888	6756
R-squared	0.562	0.909	0.815	0.931

注：*、**、***分别表示在10%、5%、1%的显著性水平下显著，括号内的数值为对应估计值的t统计量。

资料来源：笔者利用Stata软件计算所得。

在24个低收入和中低收入沿线国家中，共有17个国家在"一带一路"倡议提出后与同期非沿线国家相比出现了明显变化且均为负值，下降明显。这表明我国在低收入和中低收入国家的出口上，相比"一带一路"倡议提出前合作力度减弱，符合前文的基本预期和本章的推论3（a）。

3. "一带一路"倡议实施后沿线中高收入国家的变化

表6-8是"一带一路"倡议实施后，我国与沿线中高收入国家在出口上相对于非沿线国家同期变化的对比实证回归结果。该组有19个国家，在加入所有限制性约束条件下，即第（4）列进行统计后发现，伊朗、伊拉克、哈萨克斯坦、马来西亚、土库曼斯坦、土耳其、阿尔巴尼亚、阿塞拜疆、白俄罗斯、保加利亚、克罗地亚、马其顿、罗马尼亚、俄罗斯、塞尔维亚、黑山16个国家与中高收入的非沿线国家相比变化显著，满足本书的基本假设。其中，合作进一步加强的有伊朗、伊拉克、阿尔巴尼亚、白俄罗斯4个国家，部分满足本章推论2（a）。

第六章 "一带一路"倡议对企业出口与投资影响的异质性

表6-8 对沿线中高收入国家出口变化基准检验

	被解释变量：出口（对数形式）			
	(1)	(2)	(3)	(4)
实施"一带一路"倡议后×伊朗（对比值）	0.002 (0.108)	0.153** (0.064)	0.013 (0.105)	0.139** (0.066)
实施"一带一路"倡议后×伊拉克（对比值）	1.235*** (0.176)	0.591*** (0.114)	1.339*** (0.142)	0.810*** (0.090)
实施"一带一路"倡议后×哈萨克斯坦（对比值）	-0.436*** (0.110)	-0.749*** (0.060)	-1.136*** (0.108)	-0.729*** (0.067)
实施"一带一路"倡议后×黎巴嫩（对比值）	0.047 (0.097)	-0.018 (0.057)	-0.368*** (0.121)	-0.018 (0.056)
实施"一带一路"倡议后×马来西亚（对比值）	-0.055 (0.094)	-0.122*** (0.046)	-0.384*** (0.086)	-0.188*** (0.048)
实施"一带一路"倡议后×泰国（对比值）	0.040 (0.097)	0.003 (0.051)	-0.125 (0.095)	-0.021 (0.041)
实施"一带一路"倡议后×土库曼斯坦（对比值）	-0.131 (0.158)	-0.814*** (0.112)	-0.414** (0.165)	-0.626*** (0.104)
实施"一带一路"倡议后×土耳其（对比值）	-0.147 (0.099)	-0.120** (0.050)	-1.270*** (0.106)	-0.280*** (0.042)
实施"一带一路"倡议后×阿尔巴尼亚（对比值）	0.187 (0.117)	0.381*** (0.082)	0.770*** (0.096)	0.410*** (0.069)
实施"一带一路"倡议后×阿塞拜疆（对比值）	-0.787*** (0.131)	-1.159*** (0.083)	-0.858*** (0.140)	-0.958*** (0.093)
实施"一带一路"倡议后×白俄罗斯（对比值）	0.360** (0.141)	0.252** (0.106)	-0.050 (0.101)	0.366*** (0.085)
实施"一带一路"倡议后×保加利亚（对比值）	-0.520*** (0.100)	-0.413*** (0.061)	-0.963*** (0.086)	-0.455*** (0.061)
实施"一带一路"倡议后×克罗地亚（对比值）	-0.814*** (0.108)	-0.419*** (0.070)	-0.668*** (0.080)	-0.392*** (0.054)
实施"一带一路"倡议后×马其顿（对比值）	-0.488*** (0.108)	-0.352*** (0.074)	-0.229** (0.106)	-0.436*** (0.070)
实施"一带一路"倡议后×罗马尼亚（对比值）	-0.625*** (0.101)	-0.607*** (0.058)	-0.822*** (0.090)	-0.617*** (0.063)

续表

	被解释变量：出口（对数形式）			
	（1）	（2）	（3）	（4）
实施"一带一路"倡议后×俄罗斯（对比值）	－0.258**	－0.297***	－0.029	－0.146***
	(0.105)	(0.053)	(0.089)	(0.055)
实施"一带一路"倡议后×塞尔维亚（对比值）	－0.687***	－0.459***	－0.212***	－0.438***
	(0.087)	(0.046)	(0.078)	(0.053)
实施"一带一路"倡议后×黑山（对比值）	－0.707***	－0.331***	－0.950***	－0.177**
	(0.107)	(0.082)	(0.105)	(0.079)
实施"一带一路"倡议后×斐济（对比值）	0.368	0.469***	0.860*	0.444
	(0.109)	(0.078)	(0.122)	(0.064)
ln_GDP		0.945***		0.867***
		(0.006)		(0.006)
GDP_rate		－0.001		0.011***
		(0.003)		(0.002)
CPI		－0.010***		－0.002
		(0.001)		(0.001)
resource		－0.000		－0.000
		(0.000)		(0.000)
corruption			－0.703***	－0.252***
			(0.070)	(0.039)
admin			1.072***	0.366***
			(0.054)	(0.031)
steady			－1.430***	－0.134***
			(0.036)	(0.021)
Constant	3.285***	－1.666***	－6.047***	－7.018***
	(0.042)	(0.041)	(0.264)	(0.162)
Observations	7839	7575	7839	7575
R－squared	0.343	0.882	0.590	0.908

注：*、**、***分别表示在10%、5%、1%的显著性水平下显著，括号内的数值为对应估计值的t统计量。

资料来源：笔者利用Stata软件计算所得。

第六章 "一带一路"倡议对企业出口与投资影响的异质性

4. "一带一路"倡议实施后沿线高收入国家和地区的变化

表6-9是"一带一路"倡议实施后，我国与沿线高收入国家在出口上相对于非沿线高收入国家同期变化的对比实证回归结果。该组共有25个国家，在加入所有限制性约束条件下，即第（4）列进行统计后发现，数据显著的国家和地区有14个，分别是巴林、中国香港、新加坡、阿拉伯联合酋长国、匈牙利、文莱、阿曼、捷克、爱沙尼亚、拉脱维亚、立陶宛、马耳他、波兰、斯洛伐克，符合本章的基本假设。其中，文莱、阿曼、捷克、爱沙尼亚、拉脱维亚、立陶宛、马耳他、波兰、斯洛伐克共9个国家的系数为正，满足本章的推论1（a）。

表6-9 对沿线高收入国家和地区出口变化基准检验

	被解释变量：出口（对数形式）			
	(1)	(2)	(3)	(4)
实施"一带一路"倡议后×巴林（对比值）	0.421***	-0.069	-1.925***	-0.223***
	(0.129)	(0.082)	(0.168)	(0.085)
实施"一带一路"倡议后×文莱（对比值）	1.516***	1.591***	1.896***	1.886***
	(0.168)	(0.137)	(0.116)	(0.129)
实施"一带一路"倡议后×塞浦路斯（对比值）	-0.409***	-0.144	0.289**	0.049
	(0.143)	(0.099)	(0.115)	(0.098)
实施"一带一路"倡议后×中国香港（对比值）	0.086	-0.001	-0.588***	-0.100*
	(0.107)	(0.059)	(0.114)	(0.057)
实施"一带一路"倡议后×以色列（对比值）	0.290***	0.009	0.636***	0.057
	(0.111)	(0.052)	(0.091)	(0.046)
实施"一带一路"倡议后×科威特（对比值）	0.409***	0.071	0.518***	0.113
	(0.114)	(0.070)	(0.123)	(0.069)
实施"一带一路"倡议后×阿曼（对比值）	0.929***	0.574***	0.474***	0.537***
	(0.137)	(0.076)	(0.087)	(0.057)
实施"一带一路"倡议后×卡塔尔（对比值）	0.794***	-0.005	-0.187*	0.106
	(0.143)	(0.081)	(0.099)	(0.083)
实施"一带一路"倡议后×沙特阿拉伯（对比值）	0.460***	-0.074	0.085	0.040
	(0.118)	(0.062)	(0.115)	(0.060)
实施"一带一路"倡议后×新加坡（对比值）	0.088	-0.242***	-0.342***	-0.315***
	(0.106)	(0.047)	(0.107)	(0.053)

续表

	被解释变量：出口（对数形式）			
	(1)	(2)	(3)	(4)
实施"一带一路"倡议后×阿拉伯联合酋长国（对比值）	0.252** (0.112)	-0.093 (0.059)	-1.472*** (0.135)	-0.142** (0.065)
实施"一带一路"倡议后×捷克（对比值）	0.172 (0.115)	0.241*** (0.058)	0.522*** (0.087)	0.331*** (0.046)
实施"一带一路"倡议后×爱沙尼亚（对比值）	0.185 (0.115)	0.061 (0.057)	-0.616*** (0.110)	0.089** (0.045)
实施"一带一路"倡议后×希腊（对比值）	-0.260** (0.108)	0.257*** (0.063)	-0.278 (0.138)	0.335 (0.055)
实施"一带一路"倡议后×匈牙利（对比值）	-0.367*** (0.102)	-0.249*** (0.045)	0.480*** (0.091)	-0.236*** (0.044)
实施"一带一路"倡议后×意大利（对比值）	-0.215** (0.107)	0.003 (0.055)	0.370*** (0.089)	0.010 (0.040)
实施"一带一路"倡议后×拉脱维亚（对比值）	0.261** (0.122)	0.177*** (0.065)	-0.488*** (0.115)	0.217*** (0.049)
实施"一带一路"倡议后×立陶宛（对比值）	0.195* (0.118)	0.073* (0.059)	-0.384*** (0.112)	0.151*** (0.046)
实施"一带一路"倡议后×马耳他（对比值）	0.806*** (0.167)	0.697*** (0.141)	0.314** (0.130)	0.673*** (0.127)
实施"一带一路"倡议后×波兰（对比值）	0.348*** (0.117)	0.285*** (0.057)	-0.049 (0.125)	0.372*** (0.044)
实施"一带一路"倡议后×斯洛伐克（对比值）	0.614*** (0.140)	0.621*** (0.090)	1.074*** (0.150)	0.701*** (0.065)
实施"一带一路"倡议后×斯洛文尼亚（对比值）	0.589*** (0.123)	0.728*** (0.075)	0.812*** (0.080)	0.738*** (0.052)
实施"一带一路"倡议后×西班牙（对比值）	-0.075 (0.110)	0.139** (0.057)	2.275*** (0.131)	0.183 (0.053)
实施"一带一路"倡议后×瑞士（对比值）	-0.359*** (0.107)	-0.476*** (0.051)	-0.609*** (0.090)	-0.482 (0.050)
实施"一带一路"倡议后×智利（对比值）	0.493*** (0.119)	0.219*** (0.056)	0.122 (0.100)	0.253 (0.044)

续表

	被解释变量：出口（对数形式）			
	（1）	（2）	（3）	（4）
ln_GDP		1.012***		0.948***
		(0.007)		(0.010)
GDP_rate		0.011***		0.027***
		(0.003)		(0.003)
CPI		-0.008***		-0.006***
		(0.002)		(0.002)
resource		-0.005***		-0.008***
		(0.000)		(0.000)
corruption			0.629***	-0.345***
			(0.068)	(0.038)
admin			2.689***	0.452***
			(0.060)	(0.045)
steady			-3.060***	-0.179***
			(0.071)	(0.045)
Constant	4.789***	-2.151***	-3.897***	-6.852***
	(0.053)	(0.068)	(0.303)	(0.149)
Observations	9235	9068	9176	9009
R-squared	0.198	0.884	0.599	0.903

注：*、**、***分别表示在10%、5%、1%的显著性水平下显著，括号内的数值为对应估计值的t统计量。

资料来源：笔者利用Stata软件计算所得。

我国对沿线中高收入国家、高收入国家和地区的出口对比值，基本符合本书的预期和判断，即对以上国家和地区，我国对其出口相比相同水平的非沿线国家而言，合作力度得到了不同程度的增强。具体来看，对沿线高收入国家和地区的出口合作力度增强得较为明显，而对于中高收入的沿线国家仅在合作力度的变化上较为明显，而在合作力度增强的结果上表现得不如高收入国家。一方面，说明在"一带一路"倡议提出后，我国同沿线国家间的出口贸易出现了较大幅度的调整，特别是对沿线高收入国家和地区的出口增长较为明显；另一方面，沿线中高收入国家中出现了较大程度的分化，说明我国对沿线中高收入国家的出口目前还处于调整阶段。

从总体的发展态势上看，以上数据结果进一步验证了本书的基本判断，即在相同发展水平下，企业往往偏向于制度稳定、营商条件较好的国家（即沿线国家），而同处于"一带一路"倡议下，企业偏向于市场规模较大、经济条件较好的地区（偏向于沿线高收入和中高收入国家和地区）。

四、综合分析

通过我国对不同收入水平的沿线国家和非沿线国家在出口和对外直接投资上的同期变化进行假设和分析，回答了第五章实证分析后提出的新问题，即在同样具备"绿色通道"的沿线各国，我国企业在选择合作对象上又会重点考虑哪些方面？与不同水平的沿线国家在合作方式的选择上出现了怎样的不同问题？

根据传统跨国公司理论，企业参与国际化的真正目的依然是扩大企业的经济利益。因此，即使在"一带一路"倡议发挥出积极作用的当下，企业依然要根据自身发展的切实需要来寻求合作伙伴以及选择合作的方式，从而实现合作共赢。企业在与相同发展水平的国家进行合作时，按常理应偏向于制度稳定或是营商环境相对清廉的国家进行合作；而如果合作国家在制度环境等方面相差不大，企业往往又偏向于市场规模较大或是经济条件较好的高收入国家。

因此，本书根据上述逻辑推理和判断，进一步提出假设并进行了实证检验。研究发现，"一带一路"倡议为国内企业减轻了参与国际化的负担，同时为企业在同沿线国家开展经贸合作开辟出一条"绿色通道"，不论出口还是对外直接投资，在高收入和中高收入沿线国家的合作力度都有了较为显著的增强。而对于第五章中出现的出口条件放宽、大量出口企业面向非沿线国家的结论，通过实证检验，由于出口行业中还存在着大量低附加值的加工贸易企业，这类企业本身行业开展出口的门槛值低，技术含量也不高，在出口中的占比还较大，且多为劳动密集型行业，而此类行业与大量沿线中低收入国家和低收国家出口的产品同质化较高，存在贸易摩擦的概率较大。因此在"一带一路"倡议提出后，本书认为，尽管国内对企业出口的门槛值降低，但在出口的对象上有了更多要求，故而更多出口企业的出口对象转向了非沿线国家。特别是对于低收入和中低收入的沿线国家，与"一带一路"倡议前相比，我国对其出口的合作力度减弱较为显著，但对于高收入和部分中高收入国家，其出口特征依然符合本书的基本预期，说明行业中的一般贸易企业在进行出口时，依然选择沿线国家。

通过前文的探究和分析，本书认为，"一带一路"倡议给从事国际化企业带来两个方面的效应：

第一，促进企业开展对外业务的"积极效应"。"一带一路"倡议开展的提出为国内企业开展国际化提供了更大便利，减轻了企业开展国际化的负担，使更多过去未能达到行业开展对外业务最低门槛要求的企业，通过"一带一路"倡议的合作平台，为企业营造了一个与沿线国家开展合作的"绿色通道"，极大地减轻了企业国际化的负担，加速实现了企业"走出去"的可能。

第二，由"一带一路"倡议的宗旨带来的对出口企业新要求的"约束效应"。由于"一带一路"倡议的根本宗旨是互利共赢，秉着"共商、共建、共享"的原则与沿线国家开展合作、共谋发展，那么就不可能以不负责任的方式同沿线国家展开竞争甚至对抗，不会"损人利己"。因此，寄希望于通过"一带一路"倡议这一便利化的国际平台来输出"落后"产能，进一步增大与沿线国家在出口贸易上的摩擦，事实证明既不现实也不符合该倡议的宗旨。因而，在对沿线国家进行合作时，事实上"一带一路"倡议对企业提出了新的更高要求。

本书认为，我国同沿线国家开展合作的企业，不论出口还是投资，从总体上看都是行业中的优质资源和优质产能。同时，随着"一带一路"倡议的不断深入，该倡议的效应不仅会对我国开展同沿线国家内部的合作对象上带来更大的调整，在合作力度上也必将进一步凸显出"一带一路"倡议的影响力和作用力。

第三节 造成异质性的原因分析

实证分析，表明我国与沿线国家进行合作的企业基本都是优质企业。在合作的力度上，主要对部分高收入和中高收入沿线国家，不论在出口还是 FDI 上均出现了不同程度的增强；而对于部分中高收入国家和发展水平相对落后的沿线国家，从总体上看合作力度出现下滑，但具体到个别国家，合作力度依然有所加强。结合本书第三章的梳理和分析，由于沿线国家不论是在自身要素禀赋上，还是经济发展水平上都存在着众多差异,即使同属相同发展水平的国家,其自身产业的发展方向也有很大的不同。本书的研究结果与 Helpman (2008) 的观点相近,即由于出口目的国的条件不同,因此出口企业的特征也不一样。而我们认为,不仅出口如此,对外直接投资也是如此。因为不论出口还是 FDI 都是企业开展对外业务的一种模式,具体选择哪种模式,主要还是基于企业在该种模式下所需要达到的要素门槛值而定。因此,必然造成在合作模式和合作力度上的差异。

本节在前文研究的基础上,进一步地对目前"一带一路"沿线国家中的重要伙伴国家的不同条件展开探究,重点对它们在当前及今后一段时期的优势产业、重点发展规划、目前中国与其重点合作的领域,以及双边已出台的重要合作文件等方面做进一步的梳理,进而可以更加全面地考察和研究我国与不同沿线国家间出现合作模式和合作力度上的异质性的原因。

一、中国周边主要经贸伙伴国家优先发展的产业

从前文的分析中已经知道,中国周边主要是东南亚、南亚、中亚和蒙古及俄罗斯等国家,"一带一路"沿线国家中,由于暂不包括日本和韩国,且排除中国香港、澳门和台湾地区,上述地区全部由发展中国家组成。结合前文的分析,重点梳理新加坡、马来西亚、印度尼西亚、老挝、泰国、俄罗斯、哈萨克斯坦、印度、巴基斯坦和越南 10 个国家。我们认为,这 10 个国家市场规模较大,产业发展层次相对完善,社会治理水平和环境相对较好,并且与中国长期保持较密切的合作,未来双边合作潜力巨大(见表 6-10)。

表 6-10 中国周边主要经贸伙伴优先发展产业及合作现状

国家	特色重点产业	本国重点扶持产业及配套政策	双边主要合作项目及产业园	近年来双边签署的主要合作协议
新加坡	石化、电子、精密工程、海事工程、生物医药、批发零售、商业服务、金融保险、运输仓储、旅游	金融保险、批发零售、制造、商业服务、运输仓储、房地产、主要依据《公司所得税法案》和《经济扩展法案》以及预算案中涉及的优惠政策	苏州工业园、天津生态城、重庆互联互通和现代服务经济项目	《中国—新加坡自由贸易协定(2008)》;《中新自贸协定升级(2017)》(谈判中)

续表

国家	特色重点产业	本国重点扶持产业及配套政策	双边主要合作项目及产业园	近年来双边签署的主要合作协议
马来西亚	农业：经济作物棕榈油、橡胶、可可等 采矿业：石油、天然气 制造业：电子、石油、机械、钢铁、化工及汽车制造 服务业：旅游	农业生产与加工、橡胶制品、石油化工、医药、木材、纸浆制品、纺织、钢铁、有色金属、机械设备及零部件、电子电气、医疗器械、科学测量仪器制造、塑料制品、防护设备仪器、可再生能源、食品加工等"经济转型计划"12个国家关键经济领域	中马钦州产业园、马中关丹产业园、中广核Edra电站项目、中车轨道交通装备制造中心项目等	《中马关于扩大和深化经济贸易合作的协定（2011）》《中马关于马中关丹产业园合作的协定（2012）》《关于进一步推进中马经贸投资发展的合作计划（2015）》《中马政府经贸合作五规划（2013—2017）》
印度尼西亚	石油天然气 农林牧渔业 采矿业 工业制造 旅游	制造业、基建业、旅游业	风港电站、达延桥项、爪哇7号、南苏1号；青山镍铁工业园、西电变电器生产项目、中印度尼西亚经贸合作区、聚龙农业产业合作区	《促进和保护投资协定（1994）》《避免双重征税和纺织偷漏税协定（2001）》
老挝	农业、稻谷、玉米、咖啡、橡胶 电力、采矿、旅游	能源；化工；机械制造；农产品加工；仓储物流等	赛色塔综合开发区	《中老磨憨—磨丁经济合作区建设共同总体方案（2015）》《关于万象赛色塔综合开发区协定（2016）》
泰国	农业：稻米、橡胶等 旅游 制造业：汽车装配、电子、塑料、纺织、食品加工、玩具、建材、石油化工等	2015年9月通过产业集群经济特区政策两类产业集群：①超级产业集群：汽车和零配件，电力产品，电子产品与通信，数字经济，环保石化和化工产业；②其他产业集群：农产品加工、纺织服装	泰中罗勇工业园；泰国湖南工业园	《中泰两国政府关于成立贸易、投资和经济合作联合委员会的协定（2003）》《中泰农产品贸易合作谅解备忘录（2014）》

续表

国家	特色重点产业	本国重点扶持产业及配套政策	双边主要合作项目及产业园	近年来双边签署的主要合作协议
越南	农林渔业、水泥、汽车制造、电力、油气开采及炼化	新材料、新能源的生产，高科技产品的生产，生物技术，信息技术，机械制造，配套工业，农林水产加工，制盐，培育新植物和畜禽种子，5000人以上的劳动密集型产业	越南龙江工业园、铃中出口加工区、深圳—海防经贸合作区、仁会工业区，主要集中于加工制造、房地产和建筑业	《中越经贸合作五年发展规划（2011）》《关于建设发展跨境经济合作区的谅解备忘录（2013）》
俄罗斯	石油天然气、冶金、国防工业	2015年3月制定优先发展：农业；加工业；化工、机械制造（航空、船舶、汽车生产等）；运输业、通信与电子	乌苏里斯克经贸合作区、中俄托木斯克木材工贸合作区、中俄（滨海边疆区）农业产业合作区、俄罗斯龙跃林业经贸合作区	《中俄政府间关于鼓励和相互保护投资的协定（2006）》2015年批准了中俄避免双重征税协定修正案
哈萨克斯坦	采矿业、石油石化加工、轻纺加工业、汽车制造、机械设备、黑色有色金属材料生产、食品及制药	《工业发展国家纲要》：黑色有色冶金业、炼油石化、食品、农药、工业化学品、交通工具及配件和发动机制造、电气、机械制造及石油炼化开采设备制造等	中哈石油管道、PK项目、ADM项目、KAM项目等 目前中哈尚未成立经贸合作区或工业园区	《中哈经贸合作中长期发展规划（2013-2020年）》《中哈关于加强产能与投资合作的框架协议（2015）》
印度	工业中汽车及零配件制造、医药制造、钢铁、化工软件及服务外包	纺织服装、皮革制鞋、珠宝、食品加工等劳动密集型产业；机械工具、大型电力设备、交通设备和采矿设备等装备制造；新兴战略产业	—	《中印双边投资保护协定（2006）》《中印经贸合作五年发展规划（2014）》

续表

国家	特色重点产业	本国重点扶持产业及配套政策	双边主要合作项目及产业园	近年来双边签署的主要合作协议
巴基斯坦	纺织业、食品加工	能源电力、交通基础设施、农业、纺织	海尔—鲁巴经济区；中巴友谊中心、南迪普联合循环电站等基建设施项目	《中巴自贸区服务贸易协定（2009）》《中巴经济走廊愿景规划纲要（2014）》

资料来源：商务部历年《对外投资合作国别（地区）指南》，发改委、商务部、外交部发布的《对外投资国别产业指引》（2011 版）；中国出口信用保险公司资信评估中心《国别投资经营及便利化状况报告（2016）》；商务部《对外贸易发展"十三五"规划》；中国自由贸易区服务网。

东南亚除新加坡经济社会发展水平较高外，其他国家在基础设施建设、电力等方面还有很大的缺口。具体到产业层面，新加坡重点行业为现代高端服务业和高新技术、金融保险、批发零售、运输仓储及房地产等领域。由于新加坡国土资源有限，一般的合作项目都在海外，作为港口货物流转枢纽，新加坡的金融商贸物流也十分发达。泰国、马来西亚、越南和印度尼西亚等东南亚国家有以下几个共同特点：

第一，基础设施和工业制造水平较低，产业竞争力水平较弱，劳动力丰富、人口基数大，矿产丰富。四国产业发展相似度较高，农产品多以橡胶、稻米等为主，故而在产业发展要求上也比较相似（张其仔等，2016）。比如，一方面要优化农产品生产与加工、食品加工、纺织业升级等传统劳动密集型产业，另一方面又要进一步加大机械工业制造、化工制药、汽车及零配件等传统中等工业技术密集型行业的发展，可见以上国家都还处于或者将长期处于工业化初期到中期阶段。

第二，对新经济、生物技术、高新产业、生物技术等也提出了一定的发展需求，并给予丰厚的待遇和政策支持。在产业发展规划上，以上国家对高、中、低端各类型产业都有所需求，故而中国与该地区的经贸合作前景较为广阔。同时，以上国家在发展程度上相对较弱，与中国相关产业合作的需求较大，合作互补性较高。具体到工业领域，绝大多数东南亚国家均处于工业化前期和中期。随着

"一带一路"倡议的逐步推进,双边重点合作领域和结合双边现实供需的条件很可能会更加聚焦。

巴基斯坦有大量中国援建和共建的基础设施项目,但巴基斯坦本身工业基础十分薄弱,主要集中在纺织和食品加工等初级工业层面。中国与其合作的企业也多以国有大型企业为主,政策导向十分明显。印度尽管有一定的工业基础和配套实力,特别是软件开发与服务业、医药制造、汽车制造、钢铁等都具有一定规模和优势,但与中国没有太多合作项目,基础设施合作也较少开展。南亚全部为中低收入和低收入国家,不论出口还是对外直接投资,中国与该地区的合作除巴基斯坦外还比较薄弱。

俄罗斯与哈萨克斯坦的支柱产业依然是传统型的重化工等门类,两国农业都十分薄弱,工业也主要以石油天然气开采、冶金制造等传统工业行业为主,产业规划也比较单一。

通过对中国周边主要合作伙伴自身优势产业和重点扶持领域的梳理,可以看出,我国在与其合作的产业门类和合作方式等方面呈现出了非常大的差异。虽然中国与周边合作是目前合作的重点区域,双边合作的外部基础较好,但由于绝大多数国家在产业发展上很不平衡,市场发育并不完善,我国与以上国家和地区在供需匹配上还有较大差距。同时由于"一带一路"倡议带来的"积极"与"约束"两方面的效应,我国企业在出口和对外直接投资上,很可能出现合作范围进一步收窄、合作重点门类进一步聚焦的发展态势。

二、"一带一路"沿线重要经贸伙伴国家优先发展的产业

"一带一路"沿线重要经贸伙伴国家的选择主要基于以下几个方面的考虑:一是双边经贸在沿线国家中所占份额相对较大;二是处于相对中心位置,如为物流交通中心、金融结算中心或是区域经济大国等,且对中国存在产业优势互补的可能;三是存在一些有关中国产业升级和优化的关键部门及急需的行业或技术,且合作基础相对深厚,便于下一步深化合作。出于以上三个方面的考虑,我们筛选了10个主要的经贸伙伴,既有"一带一路"沿线的国家和地区,也有暂时还未加入"一带一路",但参加了"一带一路"高峰论坛而被纳入本书沿线子样本中的国家,如表6-11所示。

表 6-11 "一带一路"沿线重要经贸伙伴国家优先发展产业及合作现状

国家	特色/重点产业	本国重点扶持产业及配套政策	双边主要合作项目及产业园	近年来双边签署的主要合作协议
阿拉伯联合酋长国	石油天然气、金融、商贸物流、旅游	可再生能源、航空、核电、基础设施建设、通信、金融、教育、制药、纺织服装、转口贸易	中国—海合会自贸区（第十轮谈判中）；2015年共建100亿美元中阿共同投资基金；复查伊拉石油仓储公司；能源、电信等	《中阿双边劳务合作谅解备忘录（2007）》《中阿促进产能和投资合作的框架协议（2016）》
沙特阿拉伯	石油天然气开采、石油化工	油气和矿业、可再生能源、数字经济、物流、汽车、家电等；制造业：钢铁、有色、电力、化工	萨比克—宁夏神华石化工业区；主要以能源合作项目，承包劳务项目为主；中沙工业园区还在筹建中；中国—海和会自贸区（第十轮谈判中）	《中沙关于对所得和财产避免双重征税和纺织偷漏税的协定（2006）》《中阿政府关于共同推进丝绸之路经济带和21世纪海上丝绸之路以及开展产能合作的谅解备忘录（2016）》《中阿关于产能合作的谅解备忘录（2016）》
伊朗	石油天然气开采、汽车行业 矿产开发与制造业 通信 旅游及酒店	石油产量进一步提升，推动公司自由化进程，2025年前建设9个核电站	主要合作领域为工程承包和产能油气项目；另有：2017年德黑兰—马什哈德高铁电气化升级项目、中伊巴姆汽车产业园区	《中伊两国政府关于共同推进丝绸之路经济带和21世纪海上丝绸之路以及开展产能合作的谅解备忘录（2016）》《关于加强产能、矿产和投资合作的谅解备忘录（2016）》《关于加强两国投资领域合作的谅解备忘率（2016）》

续表

国家	特色/重点产业	本国重点扶持产业及配套政策	双边主要合作项目及产业园	近年来双边签署的主要合作协议
以色列	农业；制造业：机械制造、军工、飞机制造、化工、电子及通信设备、精密仪器和医用激光器材、太阳能利用、可再生能源、生物技术、水技术、钻石加工	加大太阳能、风能发电的补贴，推动新能源；加大基础设施建设；加大旅游产业投入	中国—以色列自贸区（第三轮谈判）；北京、新疆等示范农场，天津海水淡化厂，苏州工业园风险投资，以色列化工集团—云南云天化集团合资公司等	《中以贸易协定》《中以海运协定》《中以互认标准协议》《中以投资保护协定》《中以工业技术研究与开发合作框架协议》等
意大利	航空航天，城市轨道交通，专用机械设备、机床和机器人，生物技术与医药，汽车制造、设计及零配件，纺织服装，食品工业（葡萄酒），旅游等	基础设施建设、能源、教育、研发、中小企业融资等	中意宁波工业园，中意海安生态园（商议中）	《中意政府加强高新技术领域合作协议（2014）》《中意关于加强经贸合作的三年行动计划》《关于在五个有限领域加强经贸合作的谅解备忘录（2014）》等
匈牙利	汽车、制药、生物技术、电子、物流	"新塞切尼计划(2012—2020)"基础设施建设；信息和通信产业；可再生能源；旅游；重点行业：汽车制造、专业机械、健康医药、旅游、食品加工、绿色经济、电子通信和军工	匈牙利中欧商贸物流园；中匈宝思德经贸合作区	《中匈进出口食品安全备忘录（2014）》《匈牙利乳制品输华协定书》《匈塞铁路融资备忘录（2016）》《中匈发展规划合作协议（2017）》《中匈中小企业合作协议（2017）》

续表

国家	特色/重点产业	本国重点扶持产业及配套政策	双边主要合作项目及产业园	近年来双边签署的主要合作协议
白俄罗斯	工业:机械制造、化学及石化工、电子、无线电技术、IT	《2030年前白俄罗斯社会经济稳定发展国家战略》:核电站、吉利汽车组装、中白工业园建设开发、钾矿开采、纸浆厂、金属板和白铁皮厂等项目,推进科技集约型产品研发能力	中国—白俄罗斯工业园;电力、新能源、建材、通信、交通和工业基础设施建设、造纸、化工、家电制造、航空航天、智能物流、酒店及房地产开发等多个领域的合作	《关于共建"丝绸之路经济带"合作协定书(2014)》
瑞士	工业:机械、电子和金属,医药化工钟表生产,食品加工金融业、旅游业	国际贸易、交通通信基础设施、能源	中国—瑞士自贸区、中瑞镇江生态产业园、中方对瑞士投资以并购参股项目为主	《中瑞自由贸易协定(2014)》《中瑞避免双重征税协定修订版(2015)》
智利	矿业、农林牧业	"稳增长促创新提高生产力计划":加大矿业、旅游、农业、渔业和水产的投入;电信及通信;公共基础设施建设	中国—智利自贸区,太阳能光伏发电项目等基础设施为主,葡萄酒生产及水果种植等农业领域有所投资	《中智自由贸易协定升级(2016)》(相较于贸易的繁荣,对智投资合作成为短板,一是大型矿产资源被当地和外资所有,二是基础设施基本特许经营,中资空间有限)
肯尼亚	农业:茶叶、园艺产品、咖啡 工业:食品加工 服务业:交通、通信、旅游等	"2030年远景规划":能源、基础设施和建筑、农业、制造业、采矿业、旅游、信息产业等均为重点产业	主要集中于建筑、房地产、基础设施等项目;中国武夷—内罗毕工业化研发生产基地	《中肯双边投资保护协定》(谈判中)

资料来源:商务部历年《对外投资合作国别(地区)指南》,发改委、商务部、外交部发布的《对外投资国别产业指引》(2011版);中国出口信用保险公司资信评估中心《国别投资经营及便利化状况报告(2016)》;商务部《对外贸易发展"十三五"规划》;中国自由贸易区服务网。

这 10 个国家大体可以分成以下几种类型：

一是以欧洲发达国家为主的"一带一路"沿线国家，主要有意大利、瑞士、以色列、匈牙利四国，其特点是都有一个或多个行业在国际上处于领先地位，或者有比较知名的企业。其中，瑞士发达程度最高，金融和钟表是传统的优势产业，但同时在精密仪器等高端机械制造等方面也有较高的国际声誉。以色列一方面由于历史宗教等原因与周边阿拉伯国家关系紧张，国家安全戒备等级较高，自然环境也比较恶劣，是严重的缺水地区；另一方面，以色列不仅是重要的农业发达国家，而且在军工、海水淡化、可再生能源等多个方面都较为领先，多项技术也是中国当前较为急需的，比如农业产业升级、海水淡化等。中以合作历史悠久，在多个领域都有十分广阔的合作前景。匈牙利与意大利也都有多项较为领先的工业门类和知名品牌企业，且两国在地缘关系中长期起着交通枢纽的作用，贸易网络发达，商贸地位突出。以上国家除了经济发达、科技领先外，在营商环境和质量监管等法治建设方面也相对优越，是我国在沿线国家中积极开拓的主要市场。随着"一带一路"倡议的深入发展，以上国家也很可能成为今后中国与之合作的重点国家和地区，特别是涉及工业制造等技术领域。

二是以中东为主的海湾国家。阿拉伯联合酋长国、沙特阿拉伯、伊朗都是该地区重要的能源出口大国，中国与其开展经贸合作相对周边其他国家更有代表性。特别是阿拉伯联合酋长国，提出要打造"中东的香港"口号，重点要在商品物流、货币结算、国际高端酒店和中转贸易等多个领域加强同国外的合作，故而与中国在相关领域不论是合作模式还是合作力度上都可能进一步加大。

三是白俄罗斯和智利两个中高收入国家。白俄罗斯的优势产业主要集中在重化工、机械制造等传统行业，产业结构不够优化。中白工业园的建设，充分说明了白俄罗斯政府对双边合作的意愿十分强烈，该工业园也是目前中国在海外最大的工业园区。随着"一带一路"倡议的不断深入，中白产业合作在相关工业领域的合作潜力十分广阔。智利与中国的关系主要体现在双边贸易方面，由于主要的矿产资源长期以来由本土企业和发达国家控股，且在基础设施建设领域政策方面实行特许经营的制度，故而中智双边投资发展空间有限。但借着此次"一带一路"倡议高峰论坛的契机，智利方面表达了高度重视和积极合作的态度，相信之后的经贸合作在合作模式和合作力度上会有一个质的飞跃。

四是非洲的肯尼亚。虽然肯尼亚的经济发展还处于初级阶段，不论是基础设施还是各项行业的发展都还需要广泛的援助,但相对其他国家而言,中肯合作基础较为坚实,政治互信度高。德勤公司发布的《2016年非洲基础设施趋势报告》显示,中国是东非地区最大的承建方和融资方,其中肯尼亚拥有11个在建项目,位列东非第一,双边贸易总额在2016年达到32.9亿美元,中国成为肯尼亚最大进口来源国。中肯合作对中国在非洲开展深入经贸合作具有十分重要的示范效应和战略意义,合作前景较好。

三、本节小结

中国周边的主要经贸伙伴国家除新加坡为高收入国家外,其他国家在总体上经济发展程度偏弱,中国的许多产业在周边国家都可以找到适合的合作伙伴,因而合作的互补性很高。特别是东南亚地区,国家政局相对稳定,营商环境等外部条件也相对优越。因此,在"一带一路"倡议这个多边跨国合作平台下,双边经贸往来还将有进一步的上升空间,产业互补的空间较大。从重点合作领域上看,下一步在东南亚的合作可能进一步优化和调整,重点行业领域的合作将更加凸显。

而"一带一路"沿线重要的经贸伙伴国家,虽然在地缘上相对中国周边较远,双方政治制度不同、文化差异较大、经贸往来也相比中国周边弱,但随着"一带一路"倡议的不断深化,越来越多的中国企业借助"一带一路"倡议的广阔平台,可以更加便利地在以上地区开展合作。因此,根据东道国不同的产业发展要求和合作共赢的合作理念,中国与沿线国家在相关产业上的合作也必将进一步地深化和加强。特别在沿线重要合作国家中,聚集着主要的高收入和中高收入市场以及科技较为发达的国家,其在高端优势产业等诸多方面可与中国形成重大战略互补。因此,如何更好地开拓同沿线重要国家的深入合作,在借助"一带一路"倡议走出去的同时,更好地加快产业升级,也成为下一步需要研究的重点课题。

第七章 未来"一带一路"沿线实现创新发展的分析与展望

结合"一带一路"倡议起始阶段的发展状况,本书认为,在"一带一路"建设中,未来科技创新发挥的引领作用将越来越显著。在新技术革命的背景下,加强科技创新合作已成为世界各国的普遍共识,正成为各国共同应对全球挑战,推动实现可持续发展的共同选择。

第一节 "一带一路"科技创新合作的发展态势与启示

一、我国国际科技合作基础较好,但合作对象有待调整优化

在国际上,主要发达国家与地区开展国际科技合作的共性目标通常有以下三个:一是积极争取科技领域领导地位,在多个科技领域有解决全球性问题的竞争力和话语权;二是谋求与不同国家在资金、要素流动、人员交流、配套政策和力度上实现最大化的互惠共荣;三是开展科技外交,加强科技与外交协同发展,特别是将科技合作的深度与广度作为外交友好往来的一个重要方面或者说重要一环。

(一)国际科技合作的基础雄厚,合作对象尚需调整

根据 2018 年世界知识产权组织(World Intellectral Property Organization,WIPO)全球创新指数(Global Inncvation Index,GII)报告,中国的快速崛起对其

第七章 未来"一带一路"沿线实现创新发展的分析与展望

他中等收入经济体起到了示范作用。该报告特别提到,中国在不同领域的创新能力越加凸显,进步最大的指标分别体现在全球研发公司、高新技术进口、论文质量和高等教育入学率等方面。在研发支出以及研究人员、专利和论文数量等指标上,中国居世界第一位或第二位,超过大部分高收入经济体。此外,2001~2015年SCI收录的我国科技论文10年滚动被引用情况(见表7-1)和每5年科技进步贡献率(见表7-2)也逐步提升,充分体现了我国已经具备较为雄厚的科研实力和发展速度,我国参与国际科技合作的基础日渐雄厚。

表7-1 2001~2015年SCI收录的我国科技论文10年滚动被引用情况

年份 项目	2001~ 2010	2002~ 2011	2003~ 2012	2004~ 2013	2005~ 2014	2006~ 2015
收录论文数(篇)	685528	803463	935439	1102007	1089964	1599251
被引用次数(次)	3610501	5095534	6147148	8180753	8614382	14249326
论文影响 (被引用次数/收录论文数)	5.27	6.34	6.57	7.42	7.90	8.91

资料来源:2017年《中国科技统计年鉴》。

表7-2 2005~2016年每5年滚动科技进步贡献率 单位:%

年份 项目	2005~ 2010	2006~ 2011	2007~ 2012	2008~ 2013	2009~ 2014	2010~ 2015	2011~ 2016
贡献率	50.9	51.7	52.2	53.1	54.2	55.3	56.4

资料来源:2017年《中国科技统计年鉴》。

与此同时,我国多年来国际科技合作的主要对象都是欧美日等发达国家,与广大发展中国家和绝大多数"一带一路"沿线国家的国际科技合作不论是合作规模还是合作强度都远远不足。如在论文合作方面,据2017年《中国科技发展报告》的数据,2015年以中国作者为第一作者发表的国际论文中,虽涉及了148个国家,但合作伙伴排名靠前的分别是美国、澳大利亚、英国、加拿大、日本和德国6个发达国家,其占比高达总数的77%;以中国作者为参与方、其他国家作者为第一作者的国际合著论文中,涉及的国家有177个,但排名前6位的国家依然是美国、英国、德国、澳大利亚、日本和加拿大,也占到总数的80%左右。

另据经合组织统计,2014年在中国申请的、有国外合作方参与的PCT专利数为1911件,其中与美、日、欧合作的达到1760件,占比高达92.1%。我国与"一带一路"沿线国家的科技合作也有相似的集聚效应。如我国国家自然科学基金委员会从1986年成立到2014年的所资助项目产生的国际合著论文中,与新加坡的合作最多,达到4139篇,比排名第二位的俄罗斯(2297篇)高出80.2%。但即使排名第一的中新合著论文篇数也仅相当于中美合著论文篇数的9.46%。

在当前中美贸易摩擦进入科技战甚至金融战的关键节点,在目前中美面临科技合作脱钩重大风险的关键时刻,加强同"一带一路"沿线国家的科技合作势必成为化解我国外部重大风险,深化参与国际科技合作水平的主要阵地。

(二)"一带一路"倡议为我国更广泛地参与国际科技合作提供了新的机遇和平台

"一带一路"倡议的宗旨是"共商、共建、共赢",明确了"创新合作"的内涵,也在不同时期、不同层面的政策和实践中强化了该宗旨和内涵,从而不断为我国开拓国际多边合作,科技助力经济社会发展搭建了新的更好更高的平台(见表7-3)。

表7-3 我国与"一带一路"沿线国家间经贸、科技合作情况

政策出台年份	实施国家或部门	政策领域、措施(经贸/科技)	影响国家
2010	中国	成立上合组织开发银行(经贸)	部分沿线
2013	中国	成立亚洲基础设施投资银行(经贸)	包含沿线
2014	中国	成立金砖国家开发银行(经贸)	部分沿线
2014	中国	成立丝路基金(经贸)	沿线
2015	发改委、外交部、商务部	《推动共建丝绸之路经济带和21世纪海上丝绸之路的愿景和行动》(经贸)	沿线
2015	科技部、外交部、云南省	第一届中国—南亚技术转移与创新合作大会(科技)	南亚沿线
2016	中国+中东欧	16+1金融控股公司(经贸)、《中国—中东欧国家合作里加纲要》(经贸)	中东欧沿线

续表

政策出台年份	实施国家或部门	政策领域、措施（经贸/科技）	影响国家
2013	中科院	发展中国家科教合作拓展工程（科技）	包括沿线
2016		"一带一路"国际技术合作行动计划（科技）	沿线
2016	科技部、外交部、云南省	第二届中国—南亚技术转移与创新合作大会（科技）	南亚沿线
2016	科技部、发改委、外交部、商务部	《推进"一带一路"建设科技创新合作专项规划》（科技）	沿线国家
2016	科技部、外交部	《2016年G20创新行动计划》（科技）	部分沿线国家
2017	国际间	"一带一路"国际合作高峰论坛（经贸、科技）	沿线
2017	环保部、发改委、外交部	《关于推进绿色"一带一路"建设的指导意见》（科技、经贸）	沿线
2017	气象局	《气象"一带一路"发展规划（2017~2025年）》（科技）	沿线
2017	中国	《关于进一步引导和规范境外投资方向的指导意见》（经贸）	包含沿线
2017	发改委、海洋局	《"一带一路"建设海上合作设想》（经贸、科技）	沿线
2017	发改委、海洋局	《全国海洋经济发展"十三五"规划》（经贸、科技）	东亚、东南亚沿线
2018	八部委联合	《关于改进和加强海洋经济发展金融服务的指导意见》（经贸）	东亚、东南亚沿线
2018	工信部	《关于工业通信业标准化工作服务于"一带一路"建设的实施意见》（经贸、科技）	沿线

资料来源：笔者根据中国一带一路网自行整理。

从文件的出台时间、部门、内容和影响的国家来看，我国在"一带一路"倡议下开展的国际合作呈现出阶段推进和不断深化的态势。2010~2013年成立了4个服务沿线国家的"资金池"，直到2015年，商贸流通的具体合作纲领才正式形成，进而是科技领域的合作，包括政府间、企业、高校的合作与深化。2017年则表现为各个行业部门的更加具体的合作。2018年则注重制定行业标准和规则。简言之，我们与沿线国家的合作走的是逐步推进、全面合作的新型国际合作路线，这为进一步深化我国与沿线国家的科技合作指明了方向，即不能照搬我国与发达国家间科技创新合作的传统模式,这是因为:一是合作的基础不同,沿线绝大多数国家的经济、科技、社会发展远不及我国,双方合作不是"南北"合作,而是"南南"合作;二是这种"南南"合作也是新型的,不是传统的"穷帮穷,抱团取暖"方式,而是合作共赢的多边合作平台,合作模式多样,合作领域丰富,合作深度与广度建立在共同商议的基础上,合作各国平等互商。

二、与"一带一路"沿线重点国家科技合作的主要方式与启示

众所周知,一国科技创新活动的繁荣需要经济社会的发展作为基础和支撑,国际合作也是衡量国家间政治关系好坏的重要方面。因此,需要综合考虑沿线东道国在经济、科技、外交、社会等方面的诸多制约因素,根据我国与"一带一路"国家的合作趋势和合作路径,科学合理地选取研究对象国家。

研究发现,在"一带一路"沿线67个国家中(东亚12个,西亚19个,南亚8个,中亚5个,独联体7个)①,除少数几个国家满足科技合作的基础条件(如俄罗斯、印度、以色列、新加坡、马来西亚),大多数国家的科技创新能力普遍不足,双边合作的主要领域是经贸与基建产能等,科技合作的意愿和基础还十分薄弱。另外,由于对一些沿线国家语言不熟悉,信息搜集较困难,我们最终以12个国家为研究对象。

通过对沿线重点国家近年来出台的科技发展政策、国际科技合作交流方式和与中国科技合作交流情况的梳理,可以得出以下几点认识:

(1)沿线国家主要的科技合作对象依然是美日欧等少数发达国家,中国与其开展科技合作的潜力巨大。科技的发展与合作在很长的时期内有一定的路径依赖或者说发展惯性,在重大产业科技革命或者重大颠覆性事件(如世界大战)发生之前,科技创新的龙头和引领科技发展的中心的演变是较为缓慢的。科技中心发生转移也多从某个领域或产业逐步向外拓展,其拓展的方向和路径取决于能否吸引到足够多的科技人才和前沿技术,并需要长久地维持这种态势,比如美国和日本的崛起过程。当然,这其中不乏战争和其他不可控因素的干扰,但各国科技合作的基本方向都是一致的,即希望依靠最先进的科技成果来为本国的经济社会发

---

① 由于"一带一路"国家在不断扩容,本文选取的国家名单来源于"中国一带一路网",由于信息搜集不便等不利因素,做了适当筛选。

展服务,中国也不例外。因此,要想在短期内大大改善中国与沿线国家间的科技合作水平是不现实的,也是不符合科技合作规律的。对我国与沿线国家科技合作潜力的基本判断不能出现根本性的偏差,不能奢望依托"一带一路"平台,"另起炉灶"式地构建一个全新的、与传统发达国家对立的科技发展集团,也不能奢望依托该平台把中国与沿线各国的科技合作水平提升到中国与发达国家间的程度。

(2) 有必要构建一条有别于传统的"南北"合作和"南南"合作模式的中国特色的"一带一路"科技合作新路径。当前世界的科技中心依然是美国。在中美贸易战、美日欧对华科技联合打压的新形势下,若完全依靠自主研发,必定会延误我国建设科技强国的进程,我们亟须开拓思路、广交朋友。因此,要开拓我国同沿线国家科技合作的深度与广度,就必须依托自身雄厚的经济实力与研发能力,将人民币国际化及中国标准和中国技术一道向沿线输出,在实现"一带一路"五通的基础上,建设"一带一路"沿线各国货币共同体、技术标准共同体、创新发展共同体,进而建设全面的命运共同体。

三、未来我国同"一带一路"沿线国家科技合作的新思路

"一带一路"科技创新合作需要更高层面的科学规划与战略布局。针对我国在对外合作特别是科技合作中长期存在的突出问题,借鉴国内外有关经验和我国实际,提出如下建议:

一是抓紧谋划"一带一路"科技合作新路径。立足"一带一路"倡议的宗旨和内涵,在充分借鉴国际科技合作一般规律和我国依托"一带一路"平台开展科技合作经验教训的基础上,着手开展科学谋划和系统布局,既要有别于传统的"南北合作"模式,又要有别于旧有的"南南合作"模式。对沿线国家分类研究、分类施策,制定一条同我国与沿线各国在经济、科技、社会发展水平级差相符的新路径。建议在制定新的《国家中长期科技发展规划纲要》时,将"一带一路"平台的作用充分纳入。在开拓国际科技合作新局面、广交新朋友的过程中,不断壮大我国的创新实力和科研能力,不断优化我国参与国际科技创新的生态环境。

二是加快我国先进技术标准的制定,及早将我国优质产业技术和实力雄厚的科创企业向沿线国家拓展。在推进科技创新 2030 重大项目及科技成果向现实生产力转化的过程中,新技术标准制定工作要及时跟上。在成果转化的过程中有计划、分步骤地开展知识产权的安全分析,科学合理地向沿线国家输出和转移技

术，不断完善技术标准的制定流程。

三是加快培育和认定一批面向沿线国家的科技项目服务机构和专业化的知识产权服务机构。除了高校间加强人员交往外，要更好地为"一带一路"的科技合作服务培养后备专业人才。这方面的培训教育可与留学生教育相结合，将培训对象扩大到沿线国家的政界、企业界、媒体、学术界、民间代表等，全面加强沿线国家留学生教育和科技人才的培养。

第二节 "一带一路"沿线科技创新体系案例研究——瑞士

自2012年后，瑞士连续九年位于全球创新指数榜首和获得全球最具竞争力经济体称号。瑞士所体现出的强大创新实力，与其背后优质的创新体系分不开。企业雄厚的高研发投入实力、一流的教育体系和政府不断优化的科研创新环境是其创新体系的最大特点，也是最大优势。加强同瑞士各界在培养和吸引全球顶级科研创新团队上的合作，深化中瑞企业间创新能力的成果转化水平，提高我国企业的创新成果产出效率，应作为未来中瑞合作的重点。

瑞士是一个只有851万人口，且长期保持非欧盟成员国身份的小型中立的欧洲内陆国家，能保持长久的高质量创新竞争力是与其构建的强大创新体系分不开的。本节通过梳理和分析瑞士的创新体系特点，为我国下一步开拓中瑞科技创新合作，加快提升我国创新能力和开放创新水平提供参考和借鉴。

一、企业是研发投入的真正主体，制药企业是其中的主角

企业是研发投入的主体。2017年，瑞士共投入约316.05亿瑞士法郎用于研发，占GDP的3.4%，研发投入排在韩国（4.55%）和以色列（4.54%）之后。其中，企业投资236.24亿瑞士法郎，占全部研发支出的74.75%，联邦政府投资仅占12.78%。此外，尚有海外研发中心支出的150亿瑞士法郎未纳入统计。高等教育机构所接受的各类研发资金仅有3.13亿瑞士法郎，仅占全部研发投入资金的20.4%（见表7-4）。

第七章　未来"一带一路"沿线实现创新发展的分析与展望

表 7-4　2017 年瑞士研发资金来源与流向　　　单位：百万瑞士法郎

来源\流向	商业企业	高等教育机构	联邦公立研发项目	私立非营利机构及其他	海外	总计（占比）
商业企业	15649	604	7	33	7331	23624（74.75%）
联邦政府	73	2813	173	432	549	4040（12.78%）
州立基金	83	2265	—	—	—	2348（7.43%）
高等教育机构	20	293	—	—	—	313（0.99%）
私立非营利机构及其他	51	19	3	29	—	102（0.32%）
海外研发投入	949	223	1	5	—	1178（3.73%）
总计（占比）	16825（52.24%）	6217（19.67%）	184（0.58%）	499（1.58%）	7880（24.93%）	31605

注：表中的商业企业为私营企业，未统计瑞士私立企业控股的海外附属企业在海外的研发支出 150 亿瑞士法郎。

资料来源：瑞士联邦统计局，图表笔者自行整理。

行业研发投入高度集聚于制药、研发服务业、机械等领域。企业研发投入主要集中在制药（35.4%）、机械化工（12.1%）、信息与通信技术（10.9%）等领域，这也与瑞士的产业结构高度吻合。应特别注意，瑞士企业的研发服务占比（15.6%）非常高（见图 7-1）。

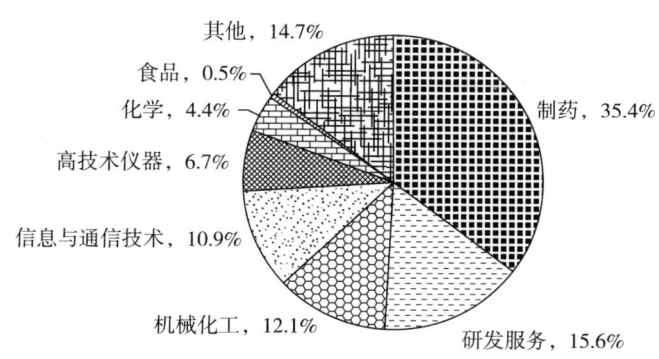

图 7-1　2017 年瑞士私营企业各行业 R&D 经费占比

注：研发经费为各行业内部研发支出。

资料来源：Swiss Healthcare and Pharmaceutical Market, 2018。

国家对企业实施不援助、不补贴政策。制药企业研发投入最多，实力全球顶尖。瑞士的龙头企业全部是私营企业，不存在政府对企业研发下发各类研发补助金，政府也不会出手援助濒临倒闭的企业，完全采用优胜劣汰的"丛林法则"，通过市场竞争去锤炼企业。据2018年欧盟委员会发布的《2018年欧盟工业研发投资排名》，全球研发投入排名前100的大企业中，瑞士共有两家药企和一家食品制造企业上榜，且全是私营企业。罗氏（Roche）以89亿欧元排第8位，与2004年相比上升10位；诺华（Novartis）以73亿欧元位居第13，与2004年相比上升7位；雀巢（Nestle）以18亿欧元排名第74。另据美国《制药经理人》杂志公布的2019年基于处方药销售的《全球制药企业50强》排行榜，在全球制药企业50强榜单中，诺华和罗氏销售收入分别位居全球第二和第三，而如果从研发投入看，诺华位居榜首（2019年为98.03亿美元），罗氏居第三位（2019年为81.54亿美元），如表7-5所示。

表7-5　2019年全球排名前10的制药企业

排名	公司名称	总部所在地	处方药销售额/研发投入（亿美元）
1	辉瑞（Pfizer）	美国	453.02/79.62
2	诺华（Novartis）	瑞士	445.52/98.03
3	罗氏（Roche）	瑞士	434.81/81.54
4	强生（Johnson & Johnson）	美国	388.15/84.46
5	默克（Merck & Co.）	美国	373.53/79.08
6	赛诺菲（Sanofi）	法国	351.21/62.27
7	艾伯维（AbbVie）	美国	320.67/50.93
8	葛兰素史克（GlaxoSmithKline）	英国	306.45/49.87
9	安进（Amgen）	美国	225.33/36.57
10	吉利德科学（Gilead Science）	美国	216.77/38.97

二、强大的高校群体提供了丰富多样的人才储备

瑞士拥有多所世界一流高校。据Universitas 21发布的《2019年国家高等教育系统排名》（*Ranking of National Higher Education Systems*，2019），在所考察的50个国家中，处于领先地位的五个国家分别是：美国、瑞士、英国、瑞典和丹

麦。具体到四项主要指标的排名上，瑞士的资源①排名第 1 位，环境②排名第 12 位，关联性③排名第 1 位，产出④排名第 3 位。瑞士拥有多所综合性高质量州立大学（巴塞尔大学、伯尔尼大学、弗里堡大学）、联邦理工学院（洛桑联邦理工学院、苏黎世联邦理工学院）、应用科学大学（苏黎世大学、洛桑大学、圣加仑大学）以及师范大学（日内瓦大学）等（见表 7 - 6）。

表 7 - 6　2018 年瑞士重点高校在国际大学排行榜中的排名

国际大学排行榜＼高校	洛桑联邦理工学院	苏黎世联邦理工学院	巴塞尔大学	伯尔尼大学	弗里堡大学	日内瓦大学	洛桑大学	圣加仑大学	苏黎世大学
上海交大世界大学学术排名（前 500 名）	81	19	96	101～150	301～400	59	101～150	—	54
QS 世界大学排名	12	10	149	167	501～550	98	146	375	73
泰晤士高等教育世界大学排名（前 800 名）	38	10	95	105	201～250	130	152	401～500	136

资料来源：https://www.universityrankings.ch/.

顶级学科以生物医药、分子化学和基础科学为主。将瑞士重点高校的优势学科和诺贝尔奖分布加以比对可知，在基础科学领域，物理、化学以苏黎世联邦理工学院最强，共培养了 32 位诺贝尔奖得主；在生物化学、医学领域以苏黎世大学最强，共培养了 12 位诺贝尔奖得主（见表 7 - 7）。

---

① 资源（Resources）：政府高等教育的支出/GDP；高等教育机构的支出/GDP；每名学生的年度开支；高等教育机构在研发上的支出/GDP；高等教育机构的研发支出/研发人员数量。
② 环境（Environment）：为高等机构可享有的财务和学术自主权、透明的外部绩效监督，以及政策环境是否促进机构之间的多样性发展和竞争。
③ 关联性（Connectivity）：主要考察国家高等教育体系是否有助于增强同国家其他社会组织的联系，以及同国际教育和研发机构的增加联系等。其绩效的考核主要看关联性是否有利于促进技术变革与经济增长，国际间的关联性对小国而言，其效果通常更为凸显。
④ 产出（Output）包括研究成果及影响力、接受高等教育人口的占比、研究人员占劳动人员的占比以及一国卓越高校毕业生的就业能力等。

表 7-7　瑞士知名高校优势学科及部分高校诺贝尔奖统计

知名高校	优势学科	诺贝尔奖人数	诺贝尔奖分布（人数）
苏黎世联邦理工学院	建筑、工程科学、自然科学	32	物理（10）；化学（17）；医学（5）
洛桑联邦理工学院	工程技术（电子工程、材料工程、人工智能、金融工程、生物工程）	—	—
苏黎世大学	分子生物学、神经科学、人类学、医学、农学、经济学	12	物理（5）；化学（4）；医学（2）；文学（1）
洛桑大学	医学、生物学、经济学	—	—
巴塞尔大学	生物化学	—	—
伯尔尼大学	医学、哲学	—	—
日内瓦大学	药学、现代语言、历史学	—	—
圣加仑大学	经济学、工商管理	—	—
弗里堡大学	哲学、心理学	—	—

瑞士拥有世界上按人口比率最高的诺贝尔自然科学奖获得者。同时，还有很多著名科学家都曾在瑞士从事过科学研究，如爱因斯坦、伦琴。据瑞士联邦统计局的数据，同一年出生的人口中，有2.5%以上的瑞士人口获得了博士学位，这一比例在经合组织国家中与芬兰、德国和瑞典并列第一位。

一流的国际化水平吸引着全球外籍教授和优秀留学生来瑞士工作。在2018年《泰晤士高等教育》特刊举办的"全球最国际化150所大学"评比中，按照国际学生以及外籍教职人员比例排名，苏黎世联邦理工学院和洛桑联邦理工学院两所联邦科技类高校分获第一和第二名（香港大学第三名、新加坡国立大学第四名），日内瓦大学获第六名，苏黎世大学获第15名。以苏黎世联邦理工学院为例，该校共有18000多名学生，来自世界近110个国家，任职教授近500名，其中外籍教授比例高达67%。

三、科技投入多元化，以项目为纽带促进产学研结合

联邦公共资金以支持大学和科研机构为主，由瑞士国家科学基金会和创新署负责。国家科学基金会主要支持基础研究、国家研究计划、国际合作研究等，大

力投入欧洲核子研究中心、欧空局和欧洲分子生物学实验室等国际科学事业和创新网络，积极参与"欧盟研发创新基金"和"地平线2020"等欧洲顶级的大科学研究项目。

公共创新项目成果与市场对接以创新署为主进行支持。创新署是一家专门负责推动创新的联邦机构，下设企业家项目和创业导师项目。前者主要为年轻科技创业者提供创业课程，启发其商业思维，提供建构企业的思路和引导他们科学地制定企业发展规划。后者主要为小微企业安排创业导师服务，提供一对一创业建议和咨询服务等。该机构每年拥有约 2 亿瑞士法郎的促进预算，绝大部分用于促进创新项目。例如，机械和机电工程促进部门在 2017 年就获得了 1840 万瑞士法郎的联邦资助，先后成立了 11 个国家主题网络，包括"碳复合材料""创新表面""瑞士光电子""瑞士数据密集服务联盟""累计制造网络"以及"物流网络协会"等。

通过支持产学研项目促进成果转化。创新署的项目的审核标准包括创新性、对经济和社会的有用性，以及企业在研发过程中需要依靠外部力量时给予协助等，并要求每个项目要有高校或非营利性研究机构及负责产出的执行伙伴参与。创新署仅支持公共部门，原则上不向企业直接付款。因此，执行伙伴（企业）必须至少承担一半的项目费用及至少 10% 的现金融资。通过这种方式，从源头上保证科研成果能够运用于产业。

丰富多样的创新协会组织。一是政府每年拨款 3000 万瑞士法郎支持瑞士科学院联盟，后者由瑞士自然科学院、瑞士思想和社会科学院、瑞士医学科学院和瑞士技术科学院等组成，主要是推动学界和社会对话并提供咨询。二是民间创新组织，如瑞士科技转移联合会就是专门为技术转移参与者设立的。会员来自各类科研院所、医院及其他公益机构，专门为研究机构、企业和政府对话搭建网络，改善瑞士技术转移的环境。三是慈善基金会等个人资助，例如，由私营企业倡导支持的"慈善性"孵化器，就得到了多位瑞士亿万富豪的支持。此类项目多是支持早期阶段的初创企业，填补公共资金、企业投资项目的空白。

四、政府着重在优化创新环境上做文章

一是政府高度重视科技创新的战略规划制定，强化目标引导和战略部署。如 2013 年由创新署推出的《知识与技术转移新战略》，旨在重点为企业和公共研究

机构提供高效优化的合作平台和长期稳定的资金支持,进一步改善企业与科研机构的创新合作环境。面对科研事业对瑞士科研后备力量的吸引力减弱、科研人员的工作方式发生改变、对研究方法和技术提出新需求,政府出台《2012~2016科学研究战略规划》。为使大科学装置更多入驻瑞士本土,提升国际科研活动话语权和确保组织领导能力,政府发布《2013~2016年科研基础设施路线图》,借助深化多层次国际合作的机遇,抢占科研制高点和科学前沿阵地。

二是出台系列涉及科技研发体制、人才供给等方面的政策措施,有力地保障了科技创新活动的开展,提升了全社会创新活力。例如,针对科研创新项目的体制机制设计,出台《研究与创新促进法》,确保用于研究与创新的政府资金能够有效使用,并检测各个研究机构间的合作情况,必要时政府可以介入协调;针对人才供给,围绕高等教育制度、现代学徒制度以及职业教育制度,分别发布《高校促进和协调法》《联邦理工大学法》和《联邦职业教育法》,构建完善的各类人才供给制度,共同构成多元化、分层次的人才输送体系。

三是政府通过营造宽松的劳资法律体系、设定低廉的企业税率和优化金融设施,成功地吸引了大批跨国公司将研发总部设在瑞士。瑞士有着比欧盟更加宽松的法律体系,依托劳动法、合同法、债权法等各种相关协议共同调节雇佣双方的关系,使得外资企业自行安排的空间更大。虽然瑞士是高工资国家,人力成本较高,但每周40.5个小时的工作时限则明显长于其他欧洲发达国家,罢工现象却几乎不存在。

由于瑞士是联邦制,各州都有自己的独立税法和自由征税权力。为了吸引更多的跨国公司,瑞士的很多州甚至成为全球税率最低的"税收天堂"。比如,瑞士最小的楚格州,虽然人口不足12万,却有近3万家企业在此登记落户,其中名气最大的莫过于从美国迁来的全球最大的大宗商品交易商嘉能可(Glencore)。

瑞士的研发活动很大部分涉及国内外的资金周转。苏黎世作为世界最大的离岸金融中心,具备完善而有活力的金融体系、健全的金融基础设施和富有创新能力和融资性极强的金融市场。欧盟的科研计划是瑞士开展科研国际合作的重要平台。截至2016年,瑞士共参与了4269个国际科研创新项目,其中有972项由瑞士牵头,占比达22.7%,从欧盟获得科研经费总计达24.82亿瑞士法郎。2017年,海外研发投入有11.78亿瑞士法郎投向瑞士各研发机构,占瑞士全部研发投入的3.8%,其中有80%约9.49亿瑞士法郎投向瑞士企业。

第七章 未来"一带一路"沿线实现创新发展的分析与展望

五、知识产出和创新产出效率高

自2012年以来,瑞士在知识与技术的产出和创新产出上连续保持第一的成绩。

在产出的细分项目上,瑞士在知识创造力当中的原创PCT专利收入、科技论文的人均投入与产出效率,知识影响力中的计算机软件人数的投入产出率和高中技术制造业的占比,知识扩散中知识产权的收益和外国直接投资等领域占有绝对优势。

从表7-8的优势分布可以大致看出,不论是纯基础理论的产出效率和质量,如科技论文人均投入与产出效率(排名第3位)、可引文献指数(排名第9位),还是创新成果的市场转化应用水平,如原创PCT专利收入占比(排名第1位)、知识产权收入占比(排名第1位)和ICT行业及商业模式创新(排名第1位),瑞士均位居全球前列(见表7-8)。而取得这一成绩的背后,是与瑞士所构建的创新体系分不开的。

表7-8 2019年瑞士全球创新指数产出排名情况

一级项目	排名	二级项目	排名	三级项目	排名
知识与技术产出	1	知识创造力	1	原创专利/GDP(按购买力平价PPP折算后)	5
				原创PCT专利/GDP(按购买力平价PPP折算后)	1
				科技论文人均投入产出效率	3
				可引文献指数(H指数)	9
		知识影响力	4	人均劳动力增长率	66
				计算机软件人均投入与产出效率	3
				ISO9001质量认证投入	17
				高与中高技术制造业占比	3
		知识扩散力	3	知识产权收入/贸易总额	1
				高技术净出口/贸易总额	24
				ICT服务出口/贸易总额	27
				外国直接投资净流出/GDP	1

· 163 ·

续表

一级项目	排名	二级项目	排名	三级项目	排名
创造性产出	1	无形资产	7	商标收入/GDP（按购买力平价 PPP 折算后）	4
				按原产地计价的工业设计/GDP（按购买力平价 PPP 折算后）	14
				ICT 行业及商业模式创新	1
				ICT 行业及组织模式创新	9
		创意商品与服务	4	文化与创意服务出口/贸易总额	37
				企业劳动力/劳动力总人口（15～69 岁）	5
				娱乐及媒体市场人数/劳动力总人口（15～69 岁）	2
				印刷及其他媒体总产出/制造业总产出	50
				创意商品出口占总贸易比重	15
		线上创意	7	从事国家代码的互联网域名（TLD）服务人口/劳动人口（15～69 岁）	1
				从事通用顶级域名（TLDs）服务人数占劳动人口比重	13
				维基百科编辑占劳动人口比重	27
				人均移动 APP 创意收入	15

注：H 指数是一个数字，旨在表示特定科学家或学者，或一组科学家或学者（如部门或研究组）的生产力和影响。

资料来源：《2019 全球创新指数报告》。

六、加强中瑞创新合作的重点建议

（一）在国际一流创新人才的培养和引进上加强合作

一是在一流人才培养方面。在人才培养、师资建设等方面加强同洛桑联邦理工学院、苏黎世联邦理工学院等著名高等院校和科研机构开展对接合作。优化留学学科领域，鼓励中国学生到瑞士学习生物、制药、机械化工、前沿技术等理工科专业。

二是在人才引进方面。通过与瑞士高校、研究所联合建设研发机构等方式，充分利用瑞士的智力资源，加强对优势学科领域的人才引进。

（二）强化同瑞士在创新优势行业的深度融合，提升我国企业创新成果产出效率

一是加快同瑞士在生物制药、研发服务和机械加工等优势行业创新研发的

"无缝对接"。在瑞士本土布局中瑞合作机构和联络中心，及时将我国产业升级所需的前沿技术情报和资讯传回国内，加快国内有转化能力的企业及早开展与瑞士创新机构在创新成果市场转化方面的合作，缩短沟通和认知时间，提高转化效率，实现深度融合。

二是加快培育并择优选出一批中瑞创新平台。例如，成立中瑞"一带一路"高端创新联合实验室、"一带一路"沿线创新成果转化交流平台，为中瑞间开展各类创新合作提供便利。同时，在产业链后端的高级应用升级方面，结合我国在人工智能、航天航空、生物技术等方面的需要，建立一批中瑞双边创新园。为我国各类创新主体开展创新合作提供信息咨询、环境评估、中介沟通等服务。开展中瑞研发合作、技术转移和知识产权培训，协助各类创新主体建立中瑞合作伙伴关系。

第八章 结论与建议

"一带一路"倡议是个不断发展的高端全球化合作平台,对"一带一路"倡议起始阶段的研究既有助于我们认识和理解既有理论,摸清企业国际化的普遍规律,也有助于为未来企业加强同沿线国家开展合作指明新的方向。本书重点围绕与中国有经贸合作的 168 个国家,将其划分成"一带一路"沿线国家子样本组和非"一带一路"沿线国家子样本组,从中国对出口贸易和对外直接投资两种合作模式出发,站在新时代的发端之际,通过对企业开展对外业务的相关理论进行分析和阐述,对各种理论研究的侧重点,以及研究范式的不同维度和视角等方面进行了研究,并对相关理论本身可能存在的不足以及理论间在相同问题上可能存在的相互融合等方面,展开了一定程度的分析和探讨。

在当前涉及一国对外业务的既有理论中,以 Melitz(2003)为代表的新新贸易理论,由于提出时间较近,理论发展也较为完备,无疑成为我们关注的一个重点。

一方面,新新贸易理论有别于以往跨国公司理论的范式,通过建立一整套数理逻辑模型,将出口和对外直接投资两种模式纳入同一体系中加以分析比较,与其他理论相比,在逻辑推理上更为精确和完善。同时,对具体选择出口还是对外直接投资模式所需要的最低门槛值也给出了明确的分析范式和翔实的推导过程,这对我们深入研究该理论及其背后的逻辑有很大的帮助。另外,该理论与我国提出的"一带一路"倡议在扩大对外开放、积极发展同沿线国家的经贸合作有较强的借鉴意义和理论指导意义,加之该理论提出的时间较新,又通过了大量各国学者的实证检验,因此可信度也较高。

另一方面,对新新贸易理论向行业层面拓展后发现,该理论在逻辑上是基于马克思经典理论中有关劳动价值论的思想来展开的,只不过对马克思的思想进行了数学模型化和一定程度的拓展处理,而其逻辑思想是一致的。因此从本质上讲,新新贸易理论是对马克思经典理论在数学上的再表述。只是该理论对具体到企业从事跨国业务的选择上,进一步拓展和细化了出口和对外直接投资模式在各自最低生产率临界点上该如何确立等具体细节问题。在这一点上,可以说新新贸易理论是对马克思经典理论在新时代的深化和拓展。因此,该理论必然是科学的,自然经得起各国学者的反复实证检验。

第一节 研究结论

一、"一带一路"倡议的起始阶段已对我国企业开展出口和对外直接投资发挥出了显著作用

本书发现,"一带一路"倡议提出后,我国企业在开展对外合作的模式选择上,不论是出口模式还是对外直接投资模式,最低门槛值都出现了一定程度地下降。具体来讲,在对外直接投资方面,我国企业开展FDI最低门槛值的下降幅度明显大于同期相同收入水平的非沿线国家。在出口方面,不论企业的出口目的国是沿线国家还是非沿线国家,门槛值都出现了不同程度的下降。但在下降的幅度上,对出口到非沿线国家的门槛值下降幅度更大。此外,在出口和对外直接投资之间进行比较,发现对于企业从事出口的门槛值下降程度要大于对外直接投资。

二、生产率作为企业开展对外业务的门槛指标可以被近似替代

本书认为把企业生产率作为唯一优质企业的衡量标准不科学。通过对新新贸易理论进行了较为翔实的逻辑推演,从数理逻辑上提炼出了三个可替代企业生产率且其本身也包含生产率的指标,即企业利润、企业收入和企业产出(固定资产投入)。从而在理论上得出了企业开展对外业务在衡量指标的选取上并不唯一的结论。再通过进一步的实证检验,论证了本书提炼出的三个替代生产率指标可以

在很大程度上反映企业在开展出口或者对外直接投资模式的门槛值变动情况,故而可以替代生产率作为门槛值。

三、"一带一路"倡议已对我国企业在选择对象上出现了"积极"与"约束"两方面的效应

实证结果显示,随着"一带一路"倡议的不断深入,不仅对我国同沿线国家在选择合作对象上产生巨大影响,在合作力度上也出现了变化。具体来说,在选择沿线合作伙伴上产生了一定的"积极效应"和"约束效应"。

"积极效应"是指促进国内企业更多地参与到世界市场的大舞台中来,减轻了企业开展国际化的负担,使过去未能达到对外业务最低门槛要求的企业,通过"一带一路"倡议的合作平台加入进来,为企业营造了一个与沿线国家开展合作的"绿色通道",极大地降低了企业开展国际化的负担,加速实现了企业"走出去"的可能。

"约束效应"是指由于"一带一路"倡议的根本宗旨是互利共赢,秉着"共商、共建、共享"的原则与沿线国家开展合作、共谋发展,那么不可能以不负责任的方式同沿线国家展开竞争甚至对抗,不会"损人利己"。因此,寄希望于通过"一带一路"倡议这一便利化的国际平台来输出"落后"产能,或是进一步扩大与沿线国家在出口贸易上的摩擦,事实证明不符合现实(陈岩、翟瑞瑞,2015)。因而,在对沿线国家进行合作时,对我国的"走出去"的企业提出了更高标准。

四、"一带一路"倡议起始阶段对我国企业选择沿线合作伙伴已产生影响

根据"一带一路"倡议对沿线国家合作模式上的实证检验,符合本书提出的可能性假设,即企业在与发展水平大致相同的国家进行选择时,偏向于制度稳定或是营商环境较好、法制环境规范的国家;而如果合作对象都处在制度环境较好的同等条件下,比如都为"一带一路"沿线国家,那么在企业利润最大化的驱使下,偏向于同市场规模较大或经济发展条件更好的高收入及中高收入国家进行合作。因而在"一带一路"倡议效应为国内企业减轻参与国际化负担的同时,同沿线国家中的部分高收入和中高收入国家,不论开展合作的是出口还是对外直接投资,在合作力度上相比同时期相同发展水平的非沿线国家,都

第八章 结论与建议

有了较为显著的增强。而对于沿线国家中的大部分中低收入和低收入国家,从总体上看,相比同时期相同发展水平的非沿线国家有相对减弱的趋势。

五、"一带一路"倡议起始阶段已显现出我国与沿线国家的合作上的异质性

本书通过对中国周边及沿线主要合作伙伴在今后一段时期优先发展产业进行了梳理,发现中国周边特别是部分东南亚国家,不论是东道国的发展水平还是谋求产业升级的诉求,与中国的产业互补性较高,随着"一带一路"倡议的提出,周边国家营商环境的进一步改善,产业合作的前景比较看好,合作力度将进一步加强。但根据本书的实证研究,不论合作力度还是合作模式,从当前来看已开始出现较为明显的调整,我国在同周边国家特别是东南亚国家进行合作的发展趋势上,将在更大程度上聚焦于重点产业和项目。对涉及产业互补性行业的合作会加速推进,而对于可能出现双边贸易摩擦或低端产业的项目则可能出现更为严格的限制。

对于沿线重要的伙伴国家,虽然从地缘上看相比周边地区距离较远,但由于沿线的一些国家或是我国重要的能源保障国,或是较为发达的地区,中国与该地区产业合作的诉求较高,合作范围更广。根据本书的实证研究认为,随着"一带一路"倡议的逐步推进,该区域也很可能在不久的未来成为中国开展国际化合作和产业升级的重点。

六、未来"一带一路"倡议会更加凸显我国同沿线重要节点国家在科技创新领域的合作

我国国际科技合作基础较好,但合作对象有待调整优化。大多数"一带一路"沿线国家的科技创新能力普遍不足,双边合作的主要领域是经贸与基建产能等,科技合作的意愿和基础还十分薄弱。沿线国家主要的科技合作对象依然是美日欧等少数发达国家,中国与沿线重要节点国家间的科技合作空间还十分广阔。

第二节 政策建议

一、借助"一带一路"倡议合作平台,我国应加快提高同沿线国家的全面合作水平

"一带一路"倡议是中国与沿线国家间搭建的双向合作平台,既扩大了中国与沿线国家相互学习的渠道,降低了交流的成本和时间,也加快了中国与沿线国家间产业升级和双边合作的力度。在"一带一路"倡议这个跨国多边合作的平台上,我国企业从原来自发走出去、自寻市场、自担风险,转变为由两国政府出面达成一定共识,为两国企业开展双边经贸合作开通"绿色信道"的新模式。因此很大程度上减轻了企业"走出去"所要直面的不确定性风险。企业同沿线国家的合作,所需要的最低要素门槛也比相同水平的非沿线国家要小,负担更轻。因此,有更多过去未能加入出口与对外直接投资中的企业加入到同沿线国家的合作中来。但同时也注意到,"一带一路"倡议可能具有的"积极效应"和"约束效应"。

对于"积极效应",在下一步同沿线国家的深化合作中,政府在放宽企业"走出去"的同时要有所侧重:一是出于我国自身产业做大做强和升级的需要,对需要进一步做大做强的行业给予更多政策上的支持,在与沿线国家政府间合作的过程中,应做到有的放矢,精准聚焦。二是针对沿线不同发展水平国家的产业需求,在双方政府为企业搭建良好的沟通渠道和平台的基础上,加快提升经贸合作的质量,通过市场的倒逼机制加速调整落后产业和过剩产能。

对于"约束效应":一是对于"一带一路"倡议这一创新平台,要有一个全新的认识。尽管"一带一路"倡议的提出有利于各行业更便利地同沿线国家开展国际化业务,但放宽后依然是行业中的优质资源和优质产能。二是尽管我国政府与沿线国家为企业营造了相对更好的外部环境和制度条件,但企业开拓海外市场的最根本动机,依然是实现企业利润最大化,故而企业经济效益的提升依然是企业"走出去"的根本动力和源泉。因此,对于大量远不及我国的中低收入沿线国家甚至低收入沿线国家,要在双方共赢的基础上应有针对性地开展建设性的合作。

二、对"一带一路"沿线不同发展水平的国家应开展更具针对性的对接合作

发扬"和平合作、开放包容、互学互检、互利共赢"为核心的丝路精神。在企业逐利的本位驱动下,政府要开展必要的引导和干预。在与不同发展水平的沿线国家开展合作时,一方面要考虑到本国企业自身发展的诉求,另一方面,对于沿线国家中相对落后国家,在相关产业的合作上,除了双方政府间达成制度上的保证和营商环境的改善外,也要相应地引导相关企业与东道国开展可实现双赢的互补性合作。在"一带一路"倡议发挥出积极效应的前提下,在下一步的深化合作中约束效应可能也将越发明显。针对不同发展水平的沿线国家,如何结合它们经济发展的切实需要,更好地兼顾企业盈利和沿线欠发达国家间的经济发展诉求,也可能成为下一步我们需要研究的重点领域。

本书认为,并不存在真正意义上的落后产能或是劣质企业,它是根据国家的经济发展水平需要而界定的。当前,我国已进入中国特色社会主义新时代,社会的主要矛盾已经发生了本质的变化,因而一些在过去重点扶持的行业门类开始出现转型和萎缩是正常的,也是必然的。因此,当务之急在于:

一是国内相关部门要对国内"走出去"的行业和企业建立翔实而系统的数据档案资料库,精准掌握我国优质企业具有哪些优势、是什么样的优势、跟谁比算优势等现实而具体的问题,通俗地讲要"摸清家底"。

二是对已经开展合作的,以及即将展开合作的沿线国家,即对合作伙伴国家也需要构建丰富而准确的大数据库。与当地的实业机构、中资商会等中介机构要有长期的沟通与联络,并及时告知企业合作对象的各类完备而翔实的信息,尽可能地通过正规渠道掌握当地的风土人情、社会风貌,尽可能地为企业开拓新市场降低不确定性风险。

三是在企业层面,急需构建自己的风险研究机构和政治风险、经济风险评估机构,在同东道国开展深入合作之前,需要做好大量准备性的工作和安排,及时掌握当地同行业的发展境况、外来企业的合作方式和营商环境,切实了解当地法治环境,切实保障自身企业人员和财产的安全。

四是对于沿线不同发展水平的国家,我国与其合作的行业门类差异很大,双

方的供需也并不完全匹配,这就需要在尊重企业自身发展的前提下,从我国急需发展的行业门类出发,精准聚焦一批沿线重点合作国家,对参与到这些国家的企业给予重点扶持和精准对接。加快同以上国家的人员交往力度,着力培养通晓此类国家的语言人才、熟悉当地营商业务的商务人才和管理人才等,提高项目的合作成功率和合作质量。

三、慎重选择新经济、新产业合作伙伴

尽管当前的一些国际前沿技术,包括大数据、云计算等新兴产业甚至战略产业正引领时代的潮流,下一步可能会成为我国与"一带一路"沿线国家继产能合作、基础设施建设之后的重要发展领域,但上述产业的发展依托的不仅是一国的经济实力,更是一个国家在科技研发、技术创新、人才培养等方面的综合国力。因此,需要结合当地国家自身的国情和发展水平而定。比如瑞士、以色列、意大利等发达国家,尽管国家经济实力雄厚、市场发达,但并没有提出太多与新经济相关的要求,在相应提升基础设施建设、保障能源供应的前提下,产业发展的重点依然是继续做强本国的优势产业和重点优势行业。而一些还处于工业化中期甚至刚刚步入工业化阶段的发展中国家,却对高端科技、新产业、智能制造等新兴战略产业的国际合作给予重点扶持和优惠政策。

通过对沿线主要伙伴国家优先发展产业的规划梳理,发现一些国家在当前及今后一段时期所提出的本国产业发展规划并不十分切合实际,此类国家不论是自身经济社会的发展阶段,还是本国的要素资源都不太容易支撑起如此庞大而持久的战略产业,因而在同东道国开展合作时,需要全面考察,慎重选择合作市场和合作伙伴。特别是在涉及时代前沿科学与技术、重大颠覆式创新行业、新经济等方面,更需要慎重考虑合作伙伴。

四、强化对企业间创新合作将是未来"一带一路"倡议的重点方向

完全有必要依托"一带一路"倡议的巨大作用,构建一条有别于传统的"南北"合作和"南南"合作模式的中国特色的"一带一路"科技合作新路径。在加强同沿线科技发达国家的合作上,要立足于企业合作,要将企业作为真正创新的主体和基本点,坚持我国企业同沿线发达国家在国际一流创新人才的培养和引进上加强合作,强化同当地创新优势行业的深度融合,提升我国企

业的创新成果产出效率。

第三节　前景展望

本书结合当前国内扩大对外开放的现实背景，与"一带一路"倡议对未来产业的发展规划和发展方向，提出了当前"一带一路"倡议对国内产业"走出去"，以及跟不同沿线国家的合作可能带来重大影响的判断。其基本逻辑依然建立在既有的企业国际化理论基础之上，结合对国内企业重大现实问题的分析与推导，力求理论与实践相结合，做出有一定价值的研究。

"一带一路"倡议作为一种全新的合作理念，在旧有的理论范式中很难对其进行很好的诠释，因为提出"一带一路"倡议本身就是一种创新，也是在新时代所提出的重大理论课题和伟大实践。因此，必然还有大量笔者未知的或是无法预测到的客观存在，如"一带一路"倡议会对我国各行业的国际化进程产生怎样更深远的影响？国内的产业升级与产业结构又会作出怎样的调整和变化？随着国内企业加速"走出去"，大量沿线国家的企业也必然相应地进来，未来的产业发展又可能会发生怎样的变化？在借助"一带一路"倡议这个多边跨国平台下，如何更好地开展同沿线国家的互利合作？在"一带一路"倡议"积极效应"进一步凸显的同时，如何实现将我国产业发展与沿线不同国家间的自身诉求相结合，尽可能地规避倡议的"约束效应"等一系列问题，都还是当前我们无法预知，而又必须进一步回答的重大课题。况且，"一带一路"倡议带来的附加效应还有很多，未来还将有哪些重大的举措出台，进一步影响我国参与国际化的合作进程，都需要我们进一步地跟踪研究。

通过对新新贸易理论的推导和分析，发现该理论在一定程度上是对马克思经典理论在数学上的进一步证明和拓展。因此，该理论从本质上讲并没有标新立异之处。从生产率视角来衡量企业开展国际化等分析范式，在早期的跨国公司理论中也有体现，只不过当时的理论没有进一步聚焦到马克思提出的微观企业劳动生产率与开展国际化之间的关系上来，因而在指标的选取上多从所有权、控制力等方面进行阐述。因此，对于传统西方式跨国公司理论，我们一方面需要深入借鉴过去经典理论的研究成果,在此基础上进一步提出符合新时代中国特色社会主义对外经贸合作的新理论;另一方面,还需要站在我国社会发展的新阶段,对国内国外的具体实践进行更高水平的理论提炼和深化研究,创造性地提出符合中国特色的新分析范式和理论体系。

总之,由于对"一带一路"倡议的研究还属新鲜事物,不论数据的搜集还是研究方法都还有许多值得改进的地方,本书的研究仅仅是抛砖引玉。如果能够对"一带一路"倡议这一全新的合作模式展开持续关注和研究,相信不论是对于我国企业在"走出去"的实践上,还是在构建中国特色跨国企业理论方面都将有深远的意义。

参考文献

[1] 陈岩、翟瑞瑞:《对外投资、转移产能过剩与结构升级》,《广东省社会科学》,2015年1期,第5–16页。

[2] 崔淼、欧阳桃花、徐志:《基于资源演化的跨国公司在华合资企业控制权的动态配置——科隆公司的案例研究》,《管理世界》,2013年第6期,第153–169页。

[3] 戴觅、余淼杰:《中国出口企业生产率之谜:加工贸易的作用》,《经济学(季刊)》,2014年第2期,第675–698页。

[4] 董红、林慧慧:《"一带一路"战略下我国对外贸易格局变化及贸易摩擦防范》,《中国流通经济》,2015年第5期,第119–124页。

[5] 范黎波、王肃:《中国跨国公司海外并购的成长路径演进——基于北一并购科堡的案例分析》,《财贸经济》,2011年第8期,第101–105页。

[6] 国家信息中心"一带一路"大数据中心:《"一带一路"大数据报告(2016)》,商务印书馆,2016年版。

[7] 洪邮生、孙灿:《"一带一路"倡议与现行国际体系的变革——一种与"马歇尔计划"比较的视角》,《南京大学学报(社会科学版)》,2016年第6期,第28–38页。

[8] 黄群慧:《论新时期中国实体经济的发展》,《中国工业经济》,2017年第9期,第5–24页。

[9] 蒋冠宏:《中国企业对"一带一路"沿线国家市场的进入策略》,《中国工业经济》,2017年第9期,第119–136页。

[10] 蒋冠宏、蒋殿春:《中国工业企业对外直接投资与企业生产率进步》,

《世界经济》，2014年第9期，第53-76页。

[11] 蒋冠宏、蒋殿春、蒋昕桐：《我国技术研发型外向FDI的"生产率效应"——来自工业企业的证据》，《管理世界》，2013年第9期，第44-53页。

[12] 金玲：《"一带一路"：中国的马歇尔计划？》，《国际问题研究》，2015年第1期，第88-99页。

[13] 孔庆峰、董虹蔚：《"一带一路"国家的贸易便利化水平测算与贸易潜力研究》，《国际贸易问题》，2015年第12期，第158-168页。

[14] 李斌、段娅妮、彭星：《贸易便利化的测评及其对我国服务贸易出口的影响——基于跨国面板数据的实证研究》，《国际商务》（对外经济贸易大学学报），2014第1期，第5-13页。

[15] 李斌、孙月静：《中国上市公司控制权特征及其对公司绩效的影响——基于改进的投票概率模型》，《中国软科学》，2011年第1期，第124-134页。

[16] 李春顶：《异质性企业国际化路径选择研究》，复旦大学博士学位论文，2009年。

[17] 李春顶、尹翔硕：《我国出口企业的"生产率悖论"及其解释》，《财贸经济》，2009年第11期，第84-91页。

[18] 李军：《企业多重异质性与出口行为：Melitz模型的拓展与来自中国制造业的证据》，华中科技大学博士学位论文，2011年。

[19] 李蕾、赵忠秀：《中国对外直接投资企业生产率影响因素研究》，《国际贸易问题》，2015年第6期，第114-123页。

[20] 李维安、李宝权：《跨国公司在华独资倾向成因分析：基于股权结构战略的视角》，《管理世界》，2003年第1期，第57-62页。

[21] 李晓、李俊久：《"一带一路"与中国地缘政治经济战略的重构》，《世界经济与政治》，2015年第10期，第30-59页。

[22] 李卓、刘杨、陈永清：《发展中国家跨国公司的国际化战略选择：针对中国企业实施"走出去"战略的模型分析》，《世界经济》，2006年第11期，第11-22页。

[23] 林毅夫：《用新结构经济学看未来全球和中国的经济增长》，《新金融评论》，2012年第2期，第1-17页。

[24] 林毅夫、汤敏：《"一带一路"助推对外开放》，《光明日报》，2015年3月12日第15版。

[25] 聂辉华、江艇、杨汝岱：《中国工业企业数据库的使用现状和潜在问题》，《世界经济》，2012年第5期，第142－158页。

[26] 潘镇、金中坤：《双边政治关系、东道国制度风险与中国对外直接投资》，《财贸经济》，2015年第6期，第85－97页。

[27] 逄锦聚等：《政治经济学（第二版）》，高等教育出版社，2003年版。

[28] 秦臻、倪艳：《WTO成立以来技术性贸易措施对中国农产品出口影响研究——基于多边贸易阻力的两阶段引力模型》，《国际经贸探索》，2013年第1期，第35－47页。

[29] 桑百川、杨立卓：《拓展我国与"一带一路"国家的贸易关系——基于竞争性与互补性研究》，《经济问题》，2015年第8期，第1－5页。

[30] 宋利芳：《中哈"丝路经济带"战略与"光明之路"新经济政策的对接》，《中国流通经济》，2016年第9期，第70－75页。

[31] 苏晓华、张书军：《资源投入、学习与中外合资企业控制》，《科研管理》，2010年第5期，第27－34页。

[32] 孙林、倪卡卡：《东盟贸易便利化对中国农产品出口影响及国际比较——基于面板数据模型的实证分析》，《国际贸易问题》，2013第4期，第139－147页。

[33] 汤毅、尹翔硕：《贸易自由化、异质性企业与全要素生产率——基于我国制造业企业层面的实证研究》，《财贸经济》，2014年第11期，第79－88页。

[34] 田巍、余淼杰：《企业生产率和企业"走出去"对外直接投资：基于企业层面数据的实证研究》，《经济学（季刊）》，2012年第1期，第383－408页。

[35] 王娟、方良静：《中国对外直接投资区位选择的影响因素》，《社会科学家》，2011年第9期，第79－82页。

[36] 王美昌、徐康宁：《"一带一路"国家双边贸易与中国经济增长的动态关系——基于空间交互作用视角》，《世界经济研究》，2016年第2期，第101－110页。

[37] 王世军：《生产函数与消费函数不匹配：梅里兹模型的主要缺陷探讨》，《国际贸易问题》，2014年第12期，第157－167页。

[38] 王涛：《日本贸易便利化分析》，吉林大学博士学位论文，2013年。

[39] 吴敏华：《中国企业海外投资进入方式选择：基于海尔与联想案例的比较研究》，《世界经济研究》，2008年第11期，第49－53页。

[40] 吴先明、黄春桃：《中国企业对外直接投资的动因：逆向投资与顺向投资的比较研究》，《中国工业经济》，2016年第1期，第99－113页。

[41] 谢娟娟、岳静：《贸易便利化对中国－东盟贸易影响的实证分析》，《世界经济研究》，2011年第8期，第81－86、第89页。

[42] 许和连、孙天阳、成丽红：《"一带一路"高端制造业贸易格局及影响因素研究——基于复杂网络的指数随机图分析》，《财贸经济》，2015年第12期，第74－88页。

[43] 许家印、州绍杰、胡鞍钢：《制度距离、相邻效应与双边贸易——基于"一带一路"国家空间面板模型的实证分析》，《财经研究》，2017年第1期，第75－85页。

[44] 杨立卓：《中国对"一带一路"国家出口动态波动的实证分析——基于需求、结构和竞争力的三位视角》，《世界经济与政治论坛》，2016年第1期，第106－118页。

[45] 杨立卓、刘雪娇、余稳策：《"一带一路"背景下我国与中亚国家贸易互补性研究》，《上海经济研究》，2015年第11期，第94－103页。

[46] 杨连星、刘晓光、张杰：《双边政治关系如何影响对外直接投资——基于二元边际和投资成败视角》，《中国工业经济》，2016年第11期，第56－72页。

[47] 袁东、李霖洁、余淼杰：《外向型对外直接投资与母公司生产率——对母公司特征和子公司进入策略的考察》，《南开经济研究》2015年第3期，第38－58页。

[48] 张会清、唐海燕：《中国与"一带一路"沿线地区的贸易联系问题研究——基于贸易强度指数模型的分析》，《国际经贸探索》，2017年第3期，第27－40页。

[49] 张静中、王文君：《"一带一路"背景下中国－西亚自贸区经济效应前

瞻性研究——基于动态 GTAP 的实证分析》，《世界经济研究》，2016 年第 8 期，第 70 - 78 页。

[50] 张其仔等：《"一带一路"国家产业竞争力分析》，社会科学文献出版社，2017 年版。

[51] 张其仔等：《中国产业竞争力报告（2015）》，社会科学文献出版社，2015 年版。

[52] 张其仔等：《中国产业竞争力报告（2016）》，社会科学文献出版社，2016 年版。

[53] 张为付：《影响我国企业对外直接投资因素研究》，《中国工业经济》，2008 年第 11 期，第 130 - 140 页。

[54] 张先锋、蒋慕超、刘有璐、吴飞飞：《化解过剩产能的路径：出口抑或对外直接投资》，《财贸经济》，2017 年第 9 期，第 63 - 78 页。

[55] 张雨佳、张晓平、龚则州：《中国与"一带一路"沿线国家贸易依赖度分析》，《经济地理》，2017 年第 4 期，第 21 - 31 页。

[56] 郑蕾、刘志高：《中国对"一带一路"沿线直接投资空间格局》，《地理科学进展》，2015 年第 5 期，第 563 - 570 页。

[57] 钟飞腾：《"一带一路"产能合作的国际政治经济学分析》，《山东社会科学》，2015 年第 8 期，第 40 - 49 页。

[58] 周茂：《中国企业生产率与海外投资进入模式选择关系研究》，西南财经大学博士学位论文，2016 年。

[59] 周茂、陆毅、陈丽丽：《企业生产率与企业对外直接投资进入模式选择——来自中国企业的政局》，《管理世界》，2015 年第 11 期，第 70 - 86 页。

[60] 朱荃、张天华：《中国企业对外直接投资存在"生产率悖论"吗？——基于上市工业企业的实证研究》，《财贸经济》，2015 年第 12 期，第 103 - 117 页。

[61] 宗芳宇、路江涌、武常岐：《双边投资协定、制度环境和企业对外直接投资区位选择》，《经济研究》，2012 年第 5 期，第 71 - 82 页。

[62] Accenture. The rise of the emerging - market multinational [EB/OL]. http://www.accenture.com/NR/rdonlyres/2835C9BA - 2077 - 4C68 - B1CD - 8B87DC9F009B/0/MPW2Jan08. April 8, 2009.

[63] Amita Batra. Structure of comparative advantage of China and India：Global

and Regional Dynamics [J]. China & World Economy, 2007, 15 (6): 69 – 86.

[64] Andrew B. Bernard and J. Bradford Jensen. Exceptional Exporter Performance: Cause, Effect, or Both? [J]. Journal of International Economics, 1999, 47 (1): 1 – 25.

[65] Andrew B. Bernard and J. Bradford Jensen. Exporting and Productivity [J]. Oxford Review of Economic Policy, 2004, 20 (3): 343 – 357.

[66] Andrew B. Bernard and J. Bradford Jensen. Why some Firms Export [R]. NBER Working Paper NO. 8349, 2001.

[67] Andrew B. Bernard and Wagner J. Export Entry and Exit by German Firms [J]. Review of World Economics, 2001, 137 (1): 105 – 123.

[68] Andrew B. Bernard. J. Bradford Jensen and Robert Z. Lawrence Exporters, Jobs, and Wages in VS. Mannfacturing: 1976 – 1987.

[69] Bela Balassa. Trade Liberalization and "Revealed" Comparative Advantage [J]. Manchester School of Economicsand Social Studies, 1965, 33 (2): 91 – 123.

[70] Bonaglia F., Goldstein A., and Mathews J. A. Accelerated Internationalization by Emerging Markets Multinationals: The Case of White Goods Sector [J]. Journal of World Business, 2007, 42 (4): 369 – 383.

[71] Braconier H., Ekholm K., and Knarvik K. In Search of FDI – Transmitted R&D Spillovers: A Study based on Swedish Data [J]. Review of world Economics, 2001, 137 (4): 644 – 665.

[72] Brouthers K. D. Institutional, Culture and Transaction Cost Influences on Entry Mode Choice and Performance [J]. Journal of International Business Studies, 2002 (33): 203 – 221.

[73] Bruce Kogut and Sea Jin Chang. Technological Capabilities and Japanese Foreign Direct Investment in the United States [J]. The Review of Economics and Statisitcs, 1991, 73 (3): 401 – 413.

[74] Buckley P. J., Clegg L. J., Cross A. R., et al. The Determinants of Chinese Outward Foreign Direct Investment [J]. Journal of International Business Studies, 2007, 38 (4): 499 – 518.

[75] Carlson S. International Business Research [M]. Uppsala: Acta University

Upsaliensis, 1966.

[76] Chari M. and Acikgoz S. What Drives Emerging Economy Firm Acquisitions in Tax Havens? [J]. Journal of Business Research, 2016, 69 (2): 664 – 671.

[77] Chen D., S. Park H., and Newburry W. Parent Contribution and Organizational Control in International JointVentures [J]. Strategic Management Journal, 2009, 30 (11): 1133 – 1156.

[78] Cho K. R. and Padmanabhan P. Revisiting the Role of Culture Distance in MNC's Foreign Ownership Mode Choice: The Moderating Effect of Experience Attributes, International Business Review, 2005, 14 (3): 307 – 324.

[79] Costinot A. On the Origins of Comparative Advantage [J]. Journal of International Economics, 2009, 77 (2): 255 – 264.

[80] Cuervo A. and Villalonga B. Explaining the Variance in the Performance Effects of Privatization [J]. Academyof Management Review, 2000, 25 (3): 581 – 590.

[81] Cuervo – Cazurra A Lvaro and Genc M. Transforming Disadvantages into Advantages: Developing – Country MNEs in the Least Developed Countries [J]. Journal of International Business Studies, 2008, 39 (6): 957 – 979.

[82] Daphne W. Yiu and Shige Makino. The Choice between Joint Venture and Wholly Owned Subsidiary: An Institutional Perspective [J]. Organization Science, 2002, 13 (6): 667 – 683.

[83] Demsetz H. The Economics of the Business Firm: Seven Critical Commentaries [M]. New York: Cambridge university Press, 1997.

[84] Desbordes R. and Vicard V. Foreign Direct Investment and Bilateral Investment Treaties: An International Political Perspective [J]. Journal of comparative Economics, 2009, 37 (3): 372 – 386.

[85] Dixit A. and Stiglitz J. Monopolistic Competition and Optimum Product Diversity [J]. American Economic Review, 1977, 67 (3): 297 – 308.

[86] Dorg – Sung Cho. The General Trading Company: Concept and Strategy [M]. Lexington, MA: Lexington Books, 1987.

[87] Dunning J. H. International Production and the multinational enterprise

[M]. London: George Allen & Unwin, 1981.

[88] Esteban Garcia, Gristima López Duarte, Josep Rialp Criado, and Ana Valdés Llaneza. Accelerating International Expansion Through Global Alliances: A Typology of Cooperative Strategies [J]. Journal of World Business, 2002, 37 (2): 91 – 107.

[89] Esteban García – Canal and Mauro F. Guillén. Risk and the Strategy of Foreign Location Choice in Regulated Industries [J]. Strategic Management Journal. , 2008, 29 (10): 1097 – 1115.

[90] E. Helpman, M. J. Melitz and S. R. Yeaple. Export Versus FDI with Heterogeneous Firms [J]. The American Economic Review, 2004, 94 (1): 300 – 316.

[91] Faber B. Integration and the Periphery: The Unintended Effects of New Highways in a Developing Country [J]. LSE Working Paper. Urban Economics Sessions at the NARSC 2009 Conference 18 – 21 Novemòer 2009 San Franciso.

[92] Fields K. J. Enterprise and the State in Korea and Taiwan [J]. American Political Science Association, 1996, 101 (6): 1726 – 1727.

[93] Filatotchev I. , Strange R. , Piesse J. , and Lien Y. C. FDI by Firms from Newly Industrialised Economies in Emerging Markets: Corporate Governance, Entry Mode and Location [J]. Journal of International Business Studies, 2007, 38 (2): 556 – 572.

[94] Francois, Arvis. Gerard, Mclinden. Monicaalina, Mustra. Implementing Trade Facilitation [R]. The World Bank LAURI OJALA, Turku School of Economies, Finland, The Global Enabling Trade Report, 2005.

[95] Geringer J. M. and Hebert L. Control and Performance of International Joint Ventures [J]. Journal of International Business Studies, 1989, 20 (2): 235 – 254.

[96] Giorgiro Fagiolog. The International – Trade Network: Gravity Equations and Topological Properties [J]. Journal of Economic Interaction and Coordination, 2010, 5 (1): 1 – 25.

[97] Globerman S. and Shapiro D. Global Foreign Direct Investment Flows: The Role of Governance Infrastructure [J]. World Development, 2002, 30 (11): 1899 – 1919.

[98] Goldstein A. Multinational Companies from Emerging Economies [M]. New York: Palgrave Macmillan, 2007.

[99] Guillén, M. F. The Rise of Spanish Multinationals: European Business in the Global Economy [M]. Cambridge: Cambridge University Press, 2005.

[100] G. Grossman & E. Helpman. Outsouring in Global Economy. [J]. Review of Economic Studies, 2005 (72): 135-159.

[101] Hejiazi W. Are Regional Concentration of OECD Exports and Outward FDI Consisitent with Gravituy [J]. Atlantic economics Journal, 2005, 33 (4): 424-436.

[102] Helpman E., Melitz M. J. and Yeaple S. R. Export Versus FDI with Heterogeneous Firms [J]. American Economic Review, 2004, 94 (1): 300-316.

[103] Helpman E., Melitz M. Y., and Yona Rubinstein. Estimating Trade Flows: Trading Partners and Trading Volumes [J]. Quarterly Journal of Economics, 2008, 123 (2): 441-487.

[104] Hertenstein P., Sutherland D., and Anderson J. Internationalization within Networks: Exploring the Relationship between Inward and Outward FDI in China's Auto Components Industry [J]. Asia Pacific Journal of Management, 2017, 34 (1): 69-96.

[105] Huaichuan Rui an George S. Yip. Foreign Acquisitions by Chinese Firms: A Strategic Intent Perspective [J]. Journal of World Business, 2008, 43 (2): 213-226.

[106] Hymer S. The International Operations of National Firms: A Study of Direct Foreign Investment [M]. Cambridge: The MIT Press, 1967.

[107] Inkpen A. C. and Beamish P. W. Knowledge, Bargaining Power and the Instability of International Joint Ventures [J]. The Academy of Management Review, 1997, 3 (22): 177-202.

[108] Ivar Kolstad & Arne Wiig. What Determines Chinese Outward FDI? [J]. Journal of World Business, 2012, 47 (1): 26-34.

[109] Johanson J. and Vahlne J E. The Mechanisms of Internationalization [J]. International Marketing Review, 1990, 7 (4): 11-24.

[110] Johanson J. The Uppsala Model on Evolution of the Multinational Business Enterprise – from Internalization to Coordination of Networks [J]. International Marketing Review, 2013 (5): 2-39.

[111] John S. Wilson, Mann C., and Otsuki T. Assessing the Benefits of Trade Facilitation: A Global Perspective [J]. World Economy, 2005, 28 (6): 841-871.

[112] John S. Wilson, Catherine Mann, Yuen Pau Woo, Nizar Assanie, and Inbom Choi. Trade Facilitation: A Development Perspective in the Asia Pacific Region [J]. WTO, 2003.

[113] Juergen Bitzer and Holgor Goerg. Foreign Direct Investment, Competition and Industry Performance [J]. World Economy, 2009, 32 (2): 221-233.

[114] Kale P., Singh H., and Perlmutter H. V. Learning and Protection of Proprietary Assets in Strategic Alliances: Building Relational Capital [J]. Strategic Management Journal, 2000, 21 (3): 217-237.

[115] Kesternich I. and M. Schnitzer. Who is Afraid of Political Risk? Multinational Firms and Their Choice of Capital Structure [J]. Journal of International Economics, 2010, 82 (2): 208-218.

[116] Lall S. The New multinationals: The Spread of Third World Enterprises [M]. New York: Wiley, 1983.

[117] Lecraw D. Direct Investment by Firms from Lessdeveloped Countries [J]. Oxford Economic Papers, 1977, 29, (11): 445-457.

[118] Leonard K., Cheng and Zihui Ma. China's Outward Foreign Direct Investment [M]. Indian Statistical Institute, 2008.

[119] Levchenko A. A. Institutional Quality and International Trade [J]. Review of Economic Studies, 2007, 74 (3): 791-819.

[120] Li J., Li Y., and Shapiro D. Knowledge Seeking and Outward FDI of Emerging Market Firms: The Moderating Effect of Inward FDI [J]. Global Strategy Journal, 2012, 2 (4): 277-295.

[121] Li M. H., Cui L. and Lu J. Marketized State Ownership and Foreign Expansion of Emerging Market Multinationals: Leveraging Institutional Comparative Advan-

tages [J]. Asia Pacific Journal of Management, 2017, 34 (1): 19 - 46.

[122] Li P. P. Toward a Geocentric Theory of Multinational Evolution: The Implications from the Asian MNEs, as Latecomers [J]. Asia Pacific Journal of Management, 2003, 22 (2): 217 - 242.

[123] Luo Y. and R. L. Tung. International Expansion of Emerging Market Enterprises [J]. Opportunities and the international Business Studies, 2007, 38 (4): 481 - 498.

[124] Lynton N. Human Resource Management in Re - Structuring of Chinese Joint Ventures [M]. Managing Organizational Change in Transaction Economies, 2001.

[125] Madhok A. The Nature of Multinational Firm Boundaries : Transaction Costs, Firm Capabilities and Foreign Market Entry Mode [J]. International Business Review, 1998, 7 (3): 259 - 290.

[126] Maggie Xiaoyang chen and Michael O. Moore. Location Decision of Heterogeneous Multinational Firms [J]. Journal of International Economics, 2010, 80 (2): 188 - 199.

[127] Makhija M. V. and U. Ganesh. The Relationship between Control and Partner Learning in Learning - related Joint Ventures [J]. Organization Science, 1997 (8): 508 - 527.

[128] Marc J. Melitz. The Impact of Trade On Intra - Industry Reallocations and Aggregate Industry Productivity [J]. Econometrica, 2003, 71 (6): 1695 - 1725.

[129] Marcos Aguiar and Boston Consulting Group. The New Global Challengers: How100 top Companies from Rapidly Developing Economics are Changing the World [EB/OL]. http://www.bcg.com/impact_expertise/publications/publication_list.jsp?, April 8, 2009.

[130] Marianna Belloc. Institutions and International Trade: A Reconsideration of Comparative Advantage [J]. Journal of Economic Surveys, 2006, 20 (1): 3 - 26.

[131] Markusen James R. Multinationals, Multi - Plant Economies, and the Gains from Trade [J]. Journal of International Economics, 1984, 16 (34): 205 - 206.

[132] Mary Amiti. Trade Liberalization, Intermediate Inputs, and Productivity: Evidence from Indonesia [J]. American Economic Review, 2007, 97 (5): 1611 - 1638.

[133] Mathews J. A. Dragon Multinationals: A New Model of Global Growth [M]. New York: Oxford University Press, 2002.

[134] Mathews J. A. Regional multinationals [J]. Asia Pacific Journal of Management, 2006 (23): 5 - 27.

[135] Mauro F. Guillén and Esteban García - Canal. The American Model of the Multinational firm and the New Multinationals from Emerging Economies [J]. Academy of Management Perspectives, 2009, 23 (2): 23 - 35.

[136] Melitz M. J. and Redding S. J. New Trade Models, New Welfare Implications [J]. American Economic Review, 2015, 105 (3): 1105 - 1146.

[137] Meyer K. E., Estrin S., K. Bhaumilk, and M. W. Peng. Institution, Resources, and Entry Stategies in Emerging Economies [J]. Strategic Management Journal, 2009, 30 (1): 61 - 80.

[138] Mjoen H. and S. Tallman. Control and Performance in International Joint Ventures [J]. Organization Science, 1997 (8): 257 - 274.

[139] Moisé E. and Sorescu S. Trade Facilitation Indicators: The Potential Impact of Trade Facilitation on Developing Countries Trade [R]. OECD Trade Policy Papers, OECD Publishing, 2013 (144).

[140] Morosini P., S. Share and H. Singh National Cultural Distance and Cross - Border Acquisition Performance [J]. Journal of International Business Studies, 1998, 5 (9): 137 - 158.

[141] Naray O. Commercial Diplomacy: A Conceptual Overview [M]. The Hague The Netherlands, 2008.

[142] Nuno Limão and Anthony J. Venables. Infrastructure, Geographical Disadvantage, Transport Costs and Trade [J]. The World Bank Economic Review, 2001, 15 (3): 451 - 479.

[143] Olley S. and Pakes, A. The Dynamics of Productivity in the Tele Commnnications Equipment Industry [J]. Econometrica, 1996 (64): 1263 - 1297.

[144] Pablo D. Fajgelbaum, Gene M. Grossman, and Elhanan Heipman. A linder Hypothesis for Foreign Direct Investment [J]. Review of Economie Studies, 2011, 82 (1): 83 – 121.

[145] Pavcnik N. Review of Economic Studies. Trade Liberalization, Exit, and Productivity Improvements: Evidence from Chilean Plants [J]. Review of Economic Studies, 2002, 69 (1): 245 – 276.

[146] Pedersen T. and Petersen B. Explaining Gradually Increasing Resource Commitment to a Foreign Market [J]. Internaional Business Review. 1998, 7 (5): 483 – 501.

[147] Peng M. W., D. Wang, and Y. Jiang, An Institution – Based View of International Business Strategy: A Focus on Emerging Economies [J]. Journal of International Business Studies, 2008, 39 (5): 920 – 936.

[148] Penrose E. T. The Theory of the Growth of the Firm [M]. Oxford: Basil Blackwell, 1959.

[149] Rafael R. and Vettas N. Foreign Direct Investment and Exports with Growing Demand [J]. Review of Economie Studies, 2003, 70 (3): 629 – 648.

[150] Raveendra Chittoor' Preet S. Aulakh, and Sougata Ray. What Drives Overseas Acquisitions by Indian Firms? A Behavioral Risk – Taking Perspective [J]. Management International Review, 2015 (55): 255 – 275.

[151] Sarkar M. B., Cavusgil S. T., and Aulakh P. S. International Expansion of Telecommunications Carriers: The Influence of Market Structure, Network Characteristics and Entry Imperfections [J]. Journal of International Business Studies, 1999, 30 (2): 361 – 381.

[152] Sevny Jin Kim. Trade Complementarity Between South Korea and Her Major Trading Countries: Its Changes Over the Period of 2005 – 2009 [J]. World Review of Business Research, 2013, 3 (2): 64 – 83.

[153] Shaun K. Roache. China's Impact on World Commodity Markets [J]. China's Foreign Trade, 2012, 12 (11): 20 – 21.

[154] Tinbergen J. Shaping the World Economy, Appendix VI, An Analysis of World Trade Flows [M]. New York: Twentieth Century Fund, 1962.

[155] Tirole J. The Theory of Corporate Finance [M]. Oxfordshire: Princeton University Press, 2001.

[156] Tjandradewi B. I. and Marcotullio P. J. City – to – city Networks: Asian Perspectives on Key Elements and Areas for Success [J]. Habit International, 2009, 33 (2): 165 – 172.

[157] UNCTAD. World Investment Report [M]. NewYork: United Nations, 2006.

[158] Wells L. T. Third World Multinationals: The Rise Offoreign Investment From Developing Countries [M]. Cambridge: The MIT Press, 1983.

[159] Xian – Liang Tian. Participation in Export and Chinese Firms' Capacity Utilization [J]. The Journal of International Trade and Economic Development, 2016, 25 (5): 757 – 784.

[160] Xie Z. and Li Z. Selective Imitation of Compatriot Firms: Entry Mode Decisions of Emerging Market Multinationals in Cross – border Acquisitions [J]. Asia Pacific Journal of Management, 2017, 34 (1): 47 – 68.

[161] Yan A. and Gray B. Bargaining Power, Man agement Control, and Performance in United States – China Joint Ventures: A Comparative Case Study [J]. The Academy of Management Journal, 1994, 37 (6): 1478 – 1517.

[162] Yan A. and Gray B. The Antecedents and Effects of Parent Control in International Joint Ventures [J]. Journal of Management Studies, 2001, 38 (3): 393 – 416.

[163] Yan Y. and Child J. Investors' Resources and Management Participation in International Joint Ventures: A Control Perspective [J]. Asia Pacific Journal of Management, 2004, 21 (3): 287 – 304.

[164] Yin – Wang cheung and Xingwang Qian. The Empirics of China's Outward Direct Investment [J]. Pacific Economic Review, 2009, 143 (3): 312 – 342.

[165] Young C. and Olk P. Why Dissatisfied Members Say and Satisfied Members Leave: Options Available and Embeddedness Mitigating the Performance Commitment Relationship in Strategic Alliance [J]. Academy of Management Best Papers Proceedings, 1994.

［166］Zhao H., Luo, Y., and Suh T. Transaction Cost Determinants and Ownership – Based Entry Mode Choice: A Meta – Analytical Review ［J］. Journal of International Business Studies, 2004, 35 (6): 524 –544.

［167］Zollo M. and Singh H. Deliberate Learning in Corporate Acquisitions: Post – acquisition Strategies and Integration Capability in U. S. Bank Mergers ［J］. Strategic Management Journal, 2004 (25): 1233 –1256.

后　记

　　本书的写作思路来源于读博期间导师张其仔先生的多次教诲和启发。还记得那是 2016 年的夏天，我与导师就我的毕业论文方向定调的场景。我本以为导师会给我指出一个比较容易的方向或题目去完成，但导师的要求很高，研究方向也非常前沿，导师要求我研究新新贸易理论（New – New trade），并探索能否找到与当前我国经济发展的结合点。导师语重心长地对我说，要深耕下去做出自己的成绩，不要人云亦云，"大通套"的东西没有研究价值。同时，他要求我掌握一门计量工具，熟悉一些权威数据库的使用等。导师提出的研究方向，对我来说是完全陌生的，再加上数据一时难以找到，或找到了相关数据但方法却不正确，或是方法正确而结论并不理想。种种困难挡在了我的面前，让我感到压力很大。随后的博士岁月，我便如一个游方的"僧人"，往来于图书馆、教室、宿舍、食堂间，真的是"两耳不闻窗外事，一心只读资料书"了。

　　在写作的过程中，所遇到的种种痛苦与困难都是无法想象的，也不知流了多少眼泪与汗水。毫无退路地辛苦着，毅然决然地辛苦着。直到顺利通过答辩，导师才露出了久违的笑容，来了句"你小子还真是不简单哪！"而此时，我早已泪流满面了。

　　此后，在诸多朋友和老师的关怀下，在单位领导和同仁的热心帮助下，我鼓足了勇气把自己的博士论文进行修改、公开出版了。它就像是自己的"孩子"，尽管身带各种"弊病"甚至还有些"先天不足"。但它毕竟是自己辛苦所得，在一定程度上它也寄托着我对未来的憧憬和研究方向。

　　本书主要想解释和描述这样一个事实，就是在"一带一路"倡议提出的起始阶段（2013~2017），我国"走出去"的企业所遇到的变化，并在经济理论层

后记

面对这些变化进行揭示。考虑到既有的经济理论都是站在西方发达国家的视角来认识世界的,而由我国这样一个新兴的发展中大国所发起的"一带一路"倡议,本身就是空前的。在"一带一路"倡议提出的起始阶段,大量的研究聚焦外交、经贸层面,鲜有根据规范的经济学范式去涉及这个重大课题的研究。尽管我学识浅陋,学力不逮,但期盼之后的研究者能够关注这条"线路",争取构建起带有中国特色的经济学研究范式。本书若能起到一点"抛砖引玉"的作用,我的一番辛苦也就十分值得了。

由于本书对我国提出的"一带一路"倡议起始阶段的研究仅仅是探索性的,在"百年未有之大变局"中,任何既有理论和预测手段都难以准确评估未来"一带一路"倡议的巨大作用。但只要我们勇于求索,从既有的材料中系统梳理和分析出该倡议背后的强大推动力,借鉴科学的分析手段和方法来刻画它,那么我坚信,有"一带一路"倡议起始阶段开创的良好局面为基础,它作为全球人类发展史上的一个划时代创举的巨大威力必将会逐渐显现出来。

王罗汉

2020 年 4 月